Lisa Dent

势能

如何抓住红利期，实现高能跃迁

Lisa Deng 郑晓芳 著

电子工业出版社
Publishing House of Electronics Industry
北京·BEIJING

内容简介

这是一部专为职场白领人群打造的成长指南，系统拆解以沟通表达、数据与商业思维为核心的底层能力，以人工智能、新能源为代表的行业经验与岗位技能，以及职场资源与人脉三大核心燃料，并结合真实案例与实用方法，帮助读者构建可迁移的能力体系，突破职业瓶颈，打造属于自己的职场势能，实现持续跃迁与价值跃升。

未经许可，不得以任何方式复制或抄袭本书之部分或全部内容。
版权所有，侵权必究。

图书在版编目（CIP）数据

势能：如何抓住红利期，实现高能跃迁 / Lisa Deng，郑晓芳著. -- 北京：电子工业出版社，2025.7（2025.8重印）.
ISBN 978-7-121-50545-4

Ⅰ．C913.2-49

中国国家版本馆CIP数据核字第2025NW8367号

责任编辑：张月萍
印　　刷：河北鑫兆源印刷有限公司
装　　订：河北鑫兆源印刷有限公司
出版发行：电子工业出版社
　　　　　北京市海淀区万寿路173信箱　　邮编：100036
开　　本：880×1230　　1/32　　印张：8.25　　字数：222千字
版　　次：2025年7月第1版
印　　次：2025年8月第2次印刷
定　　价：69.00元

凡所购买电子工业出版社图书有缺损问题，请向购买书店调换。若书店售缺，请与本社发行部联系，联系及邮购电话：（010）88254888，88258888。
质量投诉请发邮件至zlts@phei.com.cn，盗版侵权举报请发邮件至dbqq@phei.com.cn。
本书咨询联系方式：faq@phei.com.cn。

自序：
时代浪潮中的破局者

一、2008年：风云激荡，亲历中国电子制造业的崛起

2008年注定是不平凡的一年。当北京奥运会的成功举办让全世界见证中国力量的崛起时，一场始于华尔街的金融风暴却悄然而至。这场金融风暴像一个巨大的漩涡，吞噬着无数人的工作与梦想。裁员、降薪、企业倒闭的消息每天都在刷新人们的认知。

那一年的6月，我刚刚拿到研究生学位，站在人生的选择路口。周围的空气里弥漫着不安与焦虑，几乎所有人都在寻找一个安全的港湾。

记得有一天，我的一位同学兴奋地跑来，说他拿到了某国企的Offer。"稳定啊！"他的眼里闪烁着欣喜，"每年15个月的工资，五险一金齐全，还有分房指标。"这样的选择，在当时看来无疑是明智的。

但我的内心却在激烈地挣扎。某个周末，我独自走在西安的街头，看着马路上行色匆匆的人们，突然意识到：**在动荡的时代，最危险的或许不是跌倒，而是选择原地不动。**

于是，我做出了一个"疯狂"的决定：加入华为。那时的华为，刚刚在全球电信设备市场站稳脚跟，市场份额首次进入全球前三，但它也正经历着严酷的转型阵痛。

我清楚地记得，入职第一周就目睹了一位同事黯然离职。他是我们部门的老员工，因为业务调整被裁员，收拾东西时的落寞至今让我难以忘怀。

作为部门里唯一的应届生产品经理，我的处境并不轻松。开始的三个月，几乎每天都在挑战自己的极限：

- 第一次做产品方案，我连续修改了23版，每一版都被领导毫不留情地批评得体无完肤。

- 第一次主持部门会议，我的声音因紧张而颤抖，PPT上的文字在我眼前晃动。

- 第一次出差菲律宾，遇到了空前的项目危机，客户要求两周内解决积压半年的系统问题。

但正是这些看似不可能完成的挑战，让我快速成长。记得有一次，我负责的一个项目遇到重大技术难题，整个团队陷入僵局。我连续一周工作到凌晨，查阅资料、讨论方案、验证假设，最终找到了突破口。那一刻，我真正体会到：**成长，往往始于你走出舒适区的那一步。**

在华为的7年，恰逢中国电子制造业蓬勃发展的黄金期。我亲眼见证了中国企业是如何从技术追随者，逐步成长为全球市场的领导者的：

- 2009年，我们自主研发的第一款芯片投产，打破了国外垄断。

- 2010年，团队完成了关键技术的突破，产品性能首次超越国际竞争对手。
- 2012年，我们的产品在欧洲市场获得重大突破，成为欧洲市场排名第一的中国手机品牌。

这段经历让我深刻理解了一个道理：**个人的成长轨迹，与时代的发展方向息息相关。选对了行业，就等于提前站在了起跑线上。**

二、2012—2015年：移动互联网浪潮汹涌，我迎来人生的第二次抉择

2012年的某个傍晚，我走进一家星巴克，突然发现几乎所有人都在低头刷手机。那一刻，我意识到一个新时代到来了。智能手机的普及，就像一把打开新世界之门的钥匙，移动互联网正在重塑人们的生活方式：

- 打车不再需要在路边等待，滴滴出行让约车变得轻而易举。
- 购物不再局限于实体店，淘宝和京东把商场搬进了口袋。
- 社交不再受限于时空，微信让人们随时随地保持联络。

2014年春节，微信红包的横空出世，让移动支付在短短几天内完成了全民普及。我清楚地记得，在大年初一的饭桌上，70多岁的父亲在研究如何抢红包。这一年，阿里巴巴在纳斯达克上市，创下了当时全球最大规模IPO的纪录。

而此时的我，已经在华为工作到了第7个年头。表面上，一切都很完美：年薪已经突破100万元，职级连续晋升，团队规模扩大到200人。但在内心深处，我却越来越焦虑。我发现自己开始关注各类互联网创业新闻，午休时会不由自主地研究各种App的产品逻辑。

终于在2015年年初，我做出了令所有人都觉得"疯狂"的决定：离开华为，加入一家刚成立五年的互联网教育创业公司。年薪一下子降到了35万元，办公环境从宽敞的独立办公室变成了一个狭小的开放工位，团队从200人变成了仅有5人的小作坊。

我永远记得朋友知道我的这个决定时的表情。她坐在沙发上，长久地沉默，然后说："Lisa，你真的想清楚了吗？"是的，我想清楚了。因为我坚信：**当一个时代的浪潮来临时，最重要的不是在岸边观望，而是勇敢地跳到浪潮中央，在激流中校准命运的航向，创造属于这个时代的澎湃回响。**

创业的第一年，几乎是从零开始重新学习：

- 技术团队只有4个应届生，连最基础的登录注册功能都研究了半个月。
- 服务器总是莫名其妙地崩溃，200个用户同时在线就会导致系统瘫痪。
- 产品上线第一周，差评如潮，应用商店评分跌到2.1分。

但正是在这些看似绝望的日子里，我们一步步找到了方向。我开始系统学习互联网思维：

- 深入研究用户增长理论，设计传播机制。
- 建立数据驱动的产品迭代体系，每周分析用户行为数据。

- 引入敏捷开发方法，提高团队响应速度。

四年后的某个下午，我正在后台查看数据，突然发现日活跃用户突破了700万人。那一刻，我热泪盈眶。这个曾经不被看好的小项目，已经成长为中国教育App排行榜第三的产品，累计用户突破4000万人。

这段经历让我明白：**机会永远青睐有准备的人，而最好的准备，就是在机会来临之前，就开始积累相关的能力。**

三、2020年：疫情之下，我选择创业，寻找下一个破局之道

2020年农历新年前夕，一场突如其来的疫情改变了世界的运行轨迹。记得那是一个异常安静的春节，空荡的街道、关闭的商铺、戴着口罩的行人……一切都显得那么不真实。

当时，我们的互联网教育业务正处于上升期。但我敏锐地感觉到，这场疫情不仅仅是一场灾难，更是一个时代的分水岭。一组数据让我震惊：

- 疫情前两个月，中国线上办公用户暴增10倍。
- 线上教育用户规模在30天内增长了200%。
- 社区团购订单量增长超过500%。
- 直播带货GMV同比增长超过10倍。

在这些数字背后的，是商业模式的巨大变革。我开始思考：移动互联网已经进入下半场，下一个风口在哪里？经过深入研究，

我发现了几个关键趋势：

1. 传统行业的数字化转型迎来加速期。
2. 企业服务市场开始爆发。
3. 新消费群体崛起，带来新的商业机会。
4. 产业互联网显示出巨大潜力。

2020年8月的一个晚上，我辞去了互联网公司的高管职位，正式开始了创业之路。很多人不理解："为什么要在疫情期间创业？这不是自寻苦吃吗？"但我深信：**危机与机遇从来都是一体两面，最好的创业时机往往在于变革之际。**

创业初期，每一天都充满挑战：

- 融资很难，我拜访了43家投资机构，收获了42个"不"。
- 招人更难，为招聘1个技术总监就面试了38个人。
- 第一款产品上线后3个月，营收不足10万元。
- 办公室租金和员工工资压得我喘不过气来。

但我始终记得创业第一天给自己定下的三条原则：

1. 以用户价值为核心：所有产品决策必须基于真实的用户需求。
2. 保持创新思维：不能被既有模式束缚，要敢于突破。
3. 现金为王：严格控制成本，保证公司现金流健康。

功夫不负有心人。两年后，我们的To B产品服务已经覆盖了200多家企业客户，营收突破2000万元。第二家公司专注职业教育，半年时间就实现了盈利。这段经历让我深刻体会到：**创业不是赌博，而是一场深思熟虑的战略布局。**

四、2022年：短视频与直播时代，我抓住了新的红利

2022年年初，我注意到一个有趣的现象：越来越多的人开始通过短视频和直播获取信息、学习知识。数据显示：

- 抖音日活用户突破6亿人。
- "95后"群体平均每天观看短视频时长超过3小时。
- 职场类短视频播放量年增长超过300%。
- 知识付费市场规模突破千亿元。

作为一个经历过多次转型的职场人，我敏锐地意识到：这不仅是一个内容形式的变革，更是一个全新的价值传递方式。在深入研究后，我开始了自己的内容创业之路。

起步并不容易：

- 前3个月，粉丝数一直徘徊在3000人左右。
- 第一次直播，全程只有12个观众。
- 录制第一个视频用了整整两天，却只获得了23个赞。
- 有人在评论区质疑："又一个半路出家的职场导师"。

但我坚持下来了，因为我相信：**内容创作的核心不在于形式，而在于价值**。我开始系统化地输出自己的经验。

1. 职场破局方法论：如何在组织中快速建立影响力。

    a. 职业转型的时机选择与准备。

    b. 管理能力的进阶路径。

2. 创业实战经验：从0到1搭建团队。

a. 产品战略的制定与执行。

   b. 企业现金流管理的要诀。

3. 思维模型升级：商业视角的培养。

   a. 战略思维的建立。

   b. 领导力的塑造。

慢慢地，我的内容开始获得认可。一个个真实的反馈让我感动：

- "按照你说的方法，我成功实现了行业转型。"
- "你的经验分享帮我在年终述职中脱颖而出。"
- "创业一年了，虽然早已不在职场，但是你的建议帮我避开了很多坑。"

两年时间，我的全网粉丝突破80万，累计帮助8000多人实现了职业突破。这个过程让我明白：**真正的价值，来自用自己的经验去照亮他人的道路。**

五、写这本书的初心：识别机会，更要有抓住机会的能力

2024年年初，当我坐在书桌前开始写这本书时，脑海中不断闪现过去16年的点点滴滴。每一次转折，每一个决定，都像拼图一样，组成了一幅完整的画卷。我发现，自己的经历恰好映射了中国经济发展的几个关键阶段。

- 2008—2015年：制造业崛起，中国企业走向世界。
- 2015—2020年：移动互联网爆发，彻底改变人们的生活方式。

- 2020—2022年：疫情催化，数字化转型加速。
- 2022年至今：短视频崛起，内容经济蓬勃发展。

在这些变革中，我逐渐明白，在职场中打拼就像是一场持久战，只有不断提升自己的竞争力，才能在激烈的竞争中脱颖而出。而提升自己的竞争力，不仅仅是依靠一两项技巧或能力，更重要的是依靠全面的、系统的职业发展策略。

在我看来，职场的成长需要三桶燃料，并且只有这三桶燃料相互配合时，才能帮助你抓住未来十年的黄金时期，成就职场上的"破局之道"。

这三桶燃料分别是：**底层能力、行业经验与岗位技能、职场资源与人脉**。每一桶燃料都至关重要，而且相辅相成，缺一不可。

职场破局体系

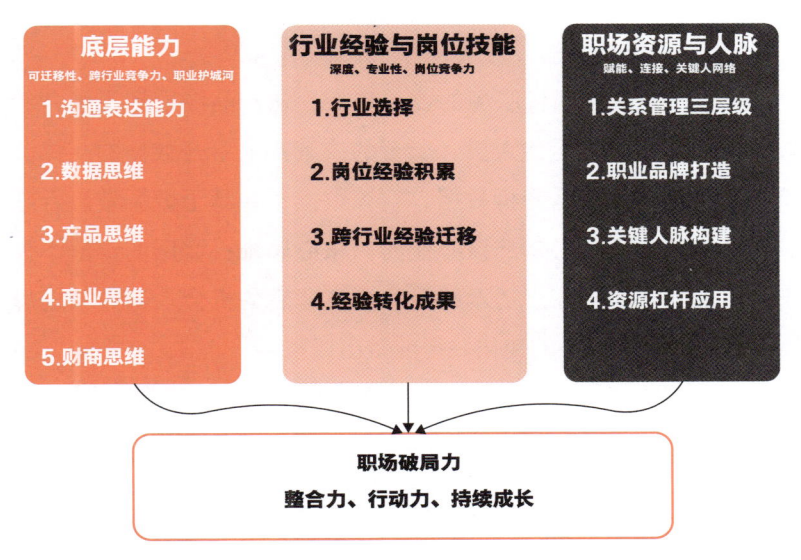

底层能力
可迁移性、跨行业竞争力、职业护城河
1. 沟通表达能力
2. 数据思维
3. 产品思维
4. 商业思维
5. 财商思维

行业经验与岗位技能
深度、专业性、岗位竞争力
1. 行业选择
2. 岗位经验积累
3. 跨行业经验迁移
4. 经验转化成果

职场资源与人脉
赋能、连接、关键人网络
1. 关系管理三层级
2. 职业品牌打造
3. 关键人脉构建
4. 资源杠杆应用

↓

职场破局力
整合力、行动力、持续成长

第一桶燃料：底层能力——你在职场的核心竞争力

职场上的竞争，归根结底是能力的竞争。在这个信息爆炸、知识更新迅速的时代，具备扎实的底层能力，才能在复杂多变的职场环境中稳步前行。

1. 沟通表达能力

沟通是职场的"生命线"。无论你做什么工作，沟通都贯穿其中。它不仅是口头表达，更多的是传递清晰的信息、进行有效的协作和促成团队达成共识。良好的沟通能力不仅能帮助你更好地推进项目，还能帮助你建立职场影响力，赢得更多资源与机会。**核心思维**：沟通不仅是说，更是听。你需要懂得如何倾听对方的需求、看法和反馈，通过高效的反馈与互动达成目标。

2. 数据思维

数据已经成为现代职场的重要资产。从产品经理到市场营销人员，从管理层到运营人员，所有的决策都离不开数据的支撑。懂得如何收集数据、分析数据、解读数据，并基于数据做出合理的决策，是职场中必备的核心能力。**核心思维**：数据的价值不仅在于呈现现状，更在于揭示趋势和洞察背后的机会。通过数据思维，你能够预见未来的变化并提前做出调整。

3. 产品思维

无论你从事的工作是产品相关的还是非产品相关的，具备产品思维都是至关重要的。产品思维意味着你能够从用户需求出发，设计出能够真正解决问题的方案,并通过迭代优化,不断提升产品的价值和用户体验。**核心思维**:始终关注用户需求,善于发现痛点,具备不断优化和创新的意识。在职场中,产品思维能够帮助你迅速适应变化、提供解决方案,并高效推动项目进展。

4. 商业思维

商业思维是对市场、商业模式、财务等方面的敏锐洞察。具备商业思维的人不仅能为公司创造更多的商业价值,还能在职场中看到更广阔的机会。商业思维能够帮助你理解行业趋势,识别潜在的机会,并且在谈判、做决策时做出更具战略眼光的选择。**核心思维**:要从大局出发,把握行业和市场的动态,理性判断公司的发展方向,以及个人职业发展的潜力和机会。

5. 财商思维

财商不仅用于理财,它更关乎如何利用有限的资源进行投资,如何在职场中通过聪明的财务决策增加自己的财富。理解财务报表、理解公司如何赚钱、理解资本市场的运行规则,这些都是职场中不可忽视的财商思维。**核心思维**:具备理财的思维与能力,懂得如何通过合理的财务管理为自己和公司创造更多的经济效益。

总结:底层能力是你在职场中稳步前进的基石,培养扎实的沟通表达能力、数据思维、产品思维、商业思维与财商思维,能够帮助你在职场中形成强大的竞争力。

第二桶燃料：行业经验与岗位技能——选择上升期行业，积累核心技能

每个行业的发展都有高峰期和低谷期。选择一个正处在上升期的行业，意味着你有更大的机会在行业的红利期获得快速发展。在这个行业的高峰发展期内，积累岗位经验和核心技能，将为你未来的职业发展奠定基础。

1. 选择处于上升期的行业

行业的生命周期决定了你职业发展的机会。如果你处于一个上升期的行业，那么不仅意味着有更多的就业机会，也意味着有更大的晋升空间。**移动互联网、人工智能、新能源**等行业，都是近年来快速崛起并且具有巨大潜力的领域。选择这些行业，无论从薪资待遇还是职业发展空间来看，都会有更好的前景。**核心思维**：持续关注行业发展趋势，识别哪些行业处于上升期，投身到这些行业中，能让你在未来的职业道路上占据先机。

2. 积累核心岗位的经验与技能

在一个处于上升期的行业中，岗位的选择同样至关重要。选择那些能帮助你积累核心能力的岗位，尤其是那些能直接影响公司、行业甚至社会的岗位，能让你在未来的职业道路上有更多的突破机会。通过不断地积累岗位经验，你会逐渐提高解决问题、管理团队、提升产品等多维度的能力。**核心思维**：要有战略眼光，选择那些能够让你接触到行业核心、帮助你提升核心能力的岗位。无论是从事技术岗位还是管理岗位，积累经验的同时，你都能够在行业变革中成为"关键人物"。

总结：只有站在行业的"风口"，才能借助行业的发展红利为自己的职业成长加速。选择处于上升期的行业，积累核心岗位的经验与技能，将让你在未来的职业竞争中处于有利位置。

第三桶燃料：职场资源与人脉——建立关键关系网络，整合资源，突破职场瓶颈

在职场中，资源和人脉往往能够决定一个人能走多远。无论你有多大能力，如果没有足够的人脉和资源作为支持，往往会被限制在某个职业阶段。

1. 建立关键关系网络

人脉不仅是"关系"，更是一种互利共赢的网络。一个有价值的人脉关系网，能够帮助你获得信息、资源和机会。在职场中，良好的人脉网络不仅能让你获得更多的工作机会，还能在你遇到困难时为你提供帮助，甚至改变你的人生轨迹。**核心思维**：人脉不仅是为了工作，更是为了从中获得更多的成长机会。要有主动拓展人脉的意识，通过与行业领袖、导师、同事等建立关系，积累自己的资源。

2. 整合资源，实现职场突破

资源的整合，指的是将你所拥有的能力、人脉、经验以及社会资源充分发挥，推动自己的职业发展。无论是找资金支持，还是在某个项目中获得团队协作，良好的资源整合能力，能帮助你打破职业发展的瓶颈，走向更高的职业平台。**核心思维**：资源整合能力的提升，能帮助你在关键时刻做出最佳决策，推动自己的职

业发展，甚至影响整个团队和公司的未来发展。

总结：职场中的人脉与资源，是你能够突破瓶颈、获得晋升、实现职场"飞跃"的关键。学会建立和整合资源，能让你在职场中如虎添翼，迅速走上成功之路。

底层能力、行业经验与岗位技能、职场资源与人脉，这三桶燃料，是职场发展中必不可少的基础。它们相辅相成，可帮助你在未来的职业道路上稳步前行、突破瓶颈、抓住机会。在未来十年的黄金时期，只要你有足够的底层能力、选择对的行业和岗位，并能够整合资源与人脉，你就能够在职场中迎难而上，实现自己的职业目标，迎接更加辉煌的未来。

对于每一位正在阅读这本书的你，我想说：

- 时代浪潮瞬息万变，但机会永远偏爱那些勇于尝试的人。
- 能力提升需要时间，但只要方向正确，一切付出都是值得的。
- 资源积累的过程看似漫长，但只要持续投入，终会厚积薄发。

最重要的是：保持一颗破局的心。

回首这些年的经历，我越发觉得，人生就像一场无尽的破局游戏。每个阶段都会遇到新的挑战，都需要重新找到突破的方向。但正是不断地突破与成长，才能让生命绽放出独特的光彩。

愿这本书能够陪伴你在职场中打造属于自己的精彩篇章。

目录

第1章 第一桶燃料——职场人的底层能力　001

一、沟通表达：让你的信息传递更有效　005
二、数据思维：用事实和洞察驱动决策　019
三、产品思维：解决问题的系统化能力　029
四、商业思维：从执行者到参与者的跃迁　043
五、财商思维：职场人的自我保障与增值　062

第2章 第二桶燃料——有价值的行业经验与岗位技能　081

一、行业选择：站在风口还是深耕传统　087
二、评估行业成长性与个人适配性的模型　109
三、岗位经验的积累：如何成为稀缺型人才　116
四、跨行业经验迁移：让你的技能具备延展性　136
五、从经验到成果：用案例和数据证明你的能力
　　（扩展版）　157

第3章 第三桶燃料——职场资源与人脉　178

一、职业成长中的关系管理三大圈层　184

二、打造你的职业品牌：成为资源的吸引者 190
  三、关键人脉的构建与维护 200
  四、用资源杠杆撬动职业跃迁 211

第4章 将三桶燃料融合为职场破局力 217
  一、如何设计你的职场成长飞轮 217
  二、破局行动指南：六大实战场景的组合术 226
  三、未来职场的可持续竞争力 232

后记 241

第1章
第一桶燃料——职场人的底层能力

在职场中,我们常常会发现一个现象:相同的工作,不同的人完成后呈现截然不同的结果。这种差异究竟源自何处?是态度,是方法,还是某种更为根本的能力?

通过多年的职场实践和观察,我逐渐领悟到,真正决定一个人职业高度的,往往是那些看似无形却至关重要的底层能力。这些能力如同引擎中的第一桶燃料,为我们的职业发展提供持续动力。

为什么同样的事情交给不同的人干,最后的结果是完全不同的

这让我想起了一个发生在华为终端公司的故事,这个故事让我深刻地明白,职场中比拼的从来不是工作时的忙碌,而是一个人底层能力的深度和广度。

2008年,我刚加入华为,那一年全球经济的风云变幻给这个行业带来极大的不确定性。中国刚刚成功举办了北京奥运会,但世界正经历着全球金融危机的冲击。美国的雷曼兄弟破产,引发了一场席卷全球的金融危机,全球股市暴跌,企业纷纷裁员。

在这种背景下,中国的科技行业在经历了十年的高速增长后,迎来了一场重要的转型,特别是中国的电子制造业,逐渐从

跟随者转变为创新者,华为正是这股变革潮流中的先锋。

就在这种充满挑战的环境中,我们公司负责的一个项目——为菲律宾市场开发一款三卡三待的手机,几乎没人看好。

我们的客户经理来自菲律宾,他坚持要求我们开发一款可以插入三张SIM卡,即支持三卡三待的手机。开始的时候,团队是拒绝的。"这不符合市场需求。""菲律宾这个国家的经济水平太低,不可能有这种需求。""他们的通信市场不够成熟,根本不会有人需要三张SIM卡。"

我当时的直觉也是如此,因为2008年菲律宾的人均GDP仅为1700美元左右,相对于中国,整体收入水平较低,手机普及率有限。我们通常认为,手机作为一种消费品,应该是家庭成员各自拥有,并且一人一卡才合乎常理。于是,这个项目被搁置了,几乎所有人都认为,开发这样一款手机完全是浪费资源。

然而,事情并没有就此结束。我们的一位产品经理没有放弃,而是主动提出去菲律宾进行实地调研,了解当地的具体情况。他走访了菲律宾的多个城市,进入了当地家庭,详细了解了菲律宾用户的需求。几周后,他带着他的调研结果回到公司,给大家带来一个震撼的发现,在菲律宾,手机的使用方式完全不同于我们传统的认知。

原来,由于菲律宾的家庭收入普遍较低,很多家庭并没有足够的经济能力购买多台手机,而是将一台手机当作家庭"共享设备"。具体来说,很多菲律宾家庭并没有为每位家庭成员单独购买一台手机,而是每人拥有不同的SIM卡,插在一台手机里,而这台手机往往拥有三张SIM卡插槽。

由于菲律宾的电信运营商提供了很多低成本、0月租的卡,这样的组合可以有效降低通信成本,最大化利用有限的资源。"这样的一台手机,可以让家庭成员每人插上自己的SIM卡,待机时不会错过任何重要的电话。"他在调研报告中写道,"并且,这样的手机在市场上有着巨大的需求,尤其是在中低收入群体中。"

这个调研结果令我们所有人都大为震惊。原来,这个看似"异想天开"的需求,正是由于当地独特的经济环境、文化背景和市场需求所驱动的。当时,菲律宾的互联网普及率并没有今天这么高,传统电话的通信方式依然占主导地位。人们习惯使用电话保持联系,尤其是工作中的电话、交友电话和家庭成员之间的联系。

这些重要的细节,是在无数次市场调研、实地走访之后才得到的真实数据,决定了整个项目的命运。

这个发现,彻底改变了我们的观点。于是,华为迅速调整战略,启动了这款三卡三待手机的研发工作。在后续的几个月里,产品经理集中精力优化设计方案,研发团队也攻克了多重技术难关,不仅保证了三卡三待的功能正常运行,还对手机外观、性能等进行了改进。

这款手机推入市场后,迅速得到了菲律宾消费者甚至整个东南亚市场的认可,销量一路飙升,并最终成为该地区最畅销的手机之一。华为通过这一产品,在菲律宾市场的销售额大幅增长,迅速抢占了市场。

然而,这个故事让我深刻感受到的,并不仅是这款手机的成功,而是那位产品经理在处理问题时所展现出来的底层能力。

反思:为什么底层能力如此重要

这位产品经理没有依靠传统的"需求分析"工具去判断市场,而是通过亲自进行深入调研、仔细观察和对当地市场的理解，挖掘出了产品背后的需求，最终给出了解决方案。而他的成功，恰恰来自他具有的底层能力。

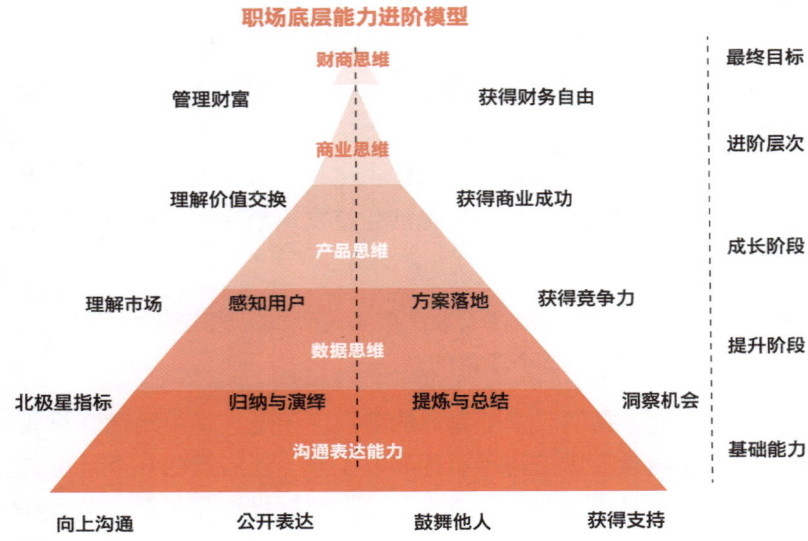

- **数据思维**：他通过实地调研获取数据，并用这些数据推翻了大多数人对市场的固有认知。
- **产品思维**：他不仅考虑手机的技术规格和功能，更关注用户的实际需求，以及怎样让产品更加符合消费者的生活习惯。
- **商业思维**：他敏锐地捕捉到这一市场机会，并且凭借自己的观察力和判断力，将这种需求转化成了商业价值。
- **跨团队沟通**：他能够与来自不同背景的团队成员和高层领导进行有效沟通并说服他们，最终将想法付诸实践。

这一切，都离不开他扎实的底层能力。这种能力并非单纯依赖工作经验，而是深入思维方式和解决问题的根本方法。缺乏这些底层能力，往往可能使人做事停留在表面，甚至做出错误判断，错失商业机会。

底层能力，是职场竞争中的"护城河"，它决定了一个人在面对复杂问题时的反应速度、处理问题的深度以及最终的成功概率。在职场中，不同的人面对同一个问题时，最终的结果可能大相径庭，这就是底层能力如此重要的原因。

一、沟通表达：让你的信息传递更有效

1. 让沟通成为你职场的"杀手锏"

我永远记得，刚入职华为的第二年，一件事彻底改变了我对沟通表达的认知。

那是一个平常的下午，我突然接到通知，公司要接待一位来自俄罗斯的大客户。客户经理和其他同事都因出差等各种原因不在，临时负责人变成了我——一个刚刚入职的新人。面对这个责任，我既紧张又兴奋。我知道，这样的机会对我来说是一次展示自我、获得认可的好时机。但同时，我也清楚自己并没有太多的经验，尤其是在沟通和表达方面。

当时，华为的终端部门正处于快速发展的阶段，产品的竞争力逐渐提高，处于吸引各国客户的关键时期。而这次俄罗斯客户的参访，无疑是一次重要的商业机会。可是，问题来了——我完全没有准备，也没有经验。

客户进了会议室，我站在讲台前，开始介绍我们的手机产品。刚开始还可以,但随着我讲到手机的硬件配置、芯片能力时,我的思路开始混乱。客户面无表情,我的声音开始微微发抖,显现出我内心的焦虑和不安。我试图用一大堆技术术语解释手机的性能——四核处理器、高频率、高清显示,我自己都不知道客户能否听懂这些话。

当时的我,根本没有意识到,沟通不仅仅是把信息传递出去,更重要的是要让对方听得懂、理解并感兴趣。全程下来,我感觉自己在讲一堆没有关联、没有重点的东西。客户依旧面无表情,偶尔看我一眼,但更多的是低头玩手机。最让我难堪的是,客户经理看着我那笨拙的表现,脸上显现出既生气又无奈的表情。

最后,这次沟通没有达成任何结果,客户最终选择了另一个供应商。我记得,当我从会议室走出来时,心情沉重,整个人的情绪几乎崩溃,内心充满自责和懊悔。我站在走廊里,忍不住流下了眼泪。那一刻,我深刻感受到沟通不畅带来的后果。

这件事对我来说无疑是一次巨大的打击。我开始反思:为什么同样是推销产品,周围同事能够游刃有余地应对,而我却连基本的介绍都做不好?为什么我明明有足够的产品知识,最后却因为沟通问题丧失了一个重要的客户?

在反思中,我渐渐明白了一个深刻的道理:**沟通表达能力,是职场中最基础、最重要的能力之一**。它不仅关乎工作效率,也直接影响你能否与他人协作、能否获得他人的支持,甚至能否在职场中获得晋升的机会。

沟通表达能力:职场的"护城河"

很多人可能觉得,沟通表达只是一项表面的技能,只有那些经常需要演讲、做报告的人才需要具备这项能力。但其实并非如此,沟通的核心,不在于滔滔不绝地说话,而在于如何将信息传递得清晰、有条理,并能促使对方采取行动或做出响应。

这是领导者的必备能力,任何一个职场人,无论是技术岗位还是管理岗位,都需要具备良好的沟通能力。特别是在复杂多变的职场环境中,沟通能力的高低,往往决定了一个人在团队中的地位,也直接决定他能否有效地推动工作。

我一直深信一个观点:**职场中的大多数成功,都来自沟通**。如果一个人没有良好的沟通能力,那么他在团队中就很难获得认同,也很难推动自己的想法和计划。而有些人,虽然没有特别显著的专业优势,但凭借出色的沟通能力,总能在职场中快速脱颖而出,成为团队中的关键人物。

我开始意识到,自己在这一点上缺失得太多。因此,我下决心:必须提升自己的沟通能力,学会让别人听懂我说的话,用合适的方式与不同的人交流。只有这样,才能避免因为沟通不畅而错失机会。

职场中的"表达力"与"说服力"

后来,我开始学习如何清晰地表达自己的观点,如何简洁明了地传递信息。我阅读了大量关于沟通、演讲的书籍,也通过观察和模仿身边优秀的同事,逐步掌握了沟通的技巧。逐渐地,我明白了两个关键点。

1. **表达力**:能清晰、简洁、有逻辑地传达信息。沟通的本质是信息的传递,但如果信息传递得不清晰、繁杂,就会造成误解和浪费时间。在职场中,尤其是在工作汇报、项目讨论中,能够简明扼要地表达自己的观点,能让你节省时间，同时能更好地赢得他人的信任和认可。
2. **说服力**：能让他人信服并支持你的观点。很多时候，我们不仅要传递信息，更重要的是让他人认同你的观点，支持你的决策。这需要通过有效的逻辑、情感共鸣以及合适的时机来达成。说服力的背后，往往隐藏着影响力和领导力。

正是这些沟通表达的技巧，帮助我在日后的工作中，不仅赢得了更多的工作机会，也提升了自己在团队中的影响力。

结语：沟通能力的"核心竞争力"

回想起来，虽然我曾经因为一次沟通失误而丢失了一个大客户，但这也让我认识到了沟通能力在职场中的重要性。如今，当我站在不同的角度回望时，明白了沟通并非一项单纯的技能，它是职场成功的基石，是职场人最重要的"核心竞争力"。

沟通不仅是一项技巧，它更是一种思维方式，一种情境感知的能力。你能否站在对方的角度去思考，能否以对方能够理解的方式传递信息，能否清晰而有力地表达出自己的想法和意图，决定了你能否在职场中走得更远。

在职场中，没有人会把重要的任务交给一个沟通不畅的人，尤其是领导者。我们常常看到那些成功的企业家、优秀的职场人，他们成功的背后少不了卓越的沟通能力。所以，提升沟通能力，绝不仅是为了做得更好，而是为了走得更远。

2.高效沟通四步法，在职场中达成协作

在职场中，我们经常遇到这样的问题：沟通不畅、意见不合，甚至产生争执。很多时候，这些沟通问题并不是因为自己表

达得不够清晰，而是因为我们忽视了与对方目标的一致性，导致无法有效达成共识和协作。

我曾经在职场上遇到过两种典型的沟通困境。

- **产品经理与开发人员之间的争执：**一次，作为产品经理，我想实现一个新功能，但是开发人员觉得这个功能太复杂，且从技术角度看并没有太大必要。于是，双方各自坚持自己的立场，我觉得开发人员不了解市场需求，而开发人员则认为我没有考虑到技术可行性。最终，我们争执不下，甚至撕破了脸皮，项目也因此拖延。

- **领导和我之间的误解：**我曾经接到领导下达的某项任务，但在我看来，这项任务根本不切实际，几乎不可能完成。然而，由于害怕直接与领导对抗，我选择了沉默，表面上答应完成任务，实际上却在执行过程中遇到了很多困难，既没能完成任务，又因此失去了领导对我的信任。

这些问题的根源，其实很简单——**在沟通过程中，我并没有真正理解对方的需求和目标**。无论是产品经理与开发人员，还是我与领导，双方的目标和需求都没有对接，最终导致沟通失效、协作失败。

这些情况的出现，其实源于职场中普遍存在的一种沟通误区——**我们都在试图说服对方，却没有站在对方的角度去理解问题，进而找到一个共同的目标**。在这种情况下，沟通往往无法达到预期的效果，甚至导致冲突升级。

高效沟通的四步法：梳理目标，理解他人，找到共同点，进行表达，最终达成协作

为了避免上述问题，我总结出了一个沟通思维模型（见下图），它能帮助我们在职场中实现更高效的沟通和协作。

高效沟通思维模型

通过这个流程，我能够更清晰地理顺自己的沟通思路，避免因为没有明确的目标而导致信息传递失误，从而提高沟通效率。

下面我逐步解析这个模型，并通过我的亲身经历来说明它如何帮助我在职场中实现高效沟通。

（1）梳理目标：明确自己的沟通意图

在沟通之前，我首先会问自己：我想要达成什么目标？只有当我清楚了沟通的目的时，才能更有效地与对方交流。如果我自己都不清楚自己想要达成什么目标，沟通自然就变得毫无意义。

案例中的应用

回到我和开发人员的沟通上。假如在沟通之前，我能明确自己的目标——实现某个功能并帮助产品在市场上获得更多用户，那么我就能在沟通时清晰地表达自己的需求，而不是单纯地提出一个功能需求。开发人员也需要梳理清楚他们的目标——例如，确保开发工作的技术可行性，保证产品的稳定性，并在技术资源允许的情况下提供最优的解决方案。通过梳理目标，我和开发人员能够明确彼此的核心需求，从而避免无谓的争执。

（2）理解他人：站在对方的角度思考

高效的沟通不仅是表达自己的需求，更重要的是要理解对方的需求。在我看来，很多时候沟通之所以失败，是因为我忽视了对方的立场和感受，没有站在对方的角度去思考问题，导致信息不对称。

案例中的应用

在我与开发人员的沟通中，如果我能够理解他们的工作压力、技术难度以及开发周期的限制，我就能更加理性地提出功能需求，避免无理取闹。而开发人员如果能理解我的市场目标和用户需求，就能够更加灵活地评估技术可行性，提出合适的技术方案。

同样，在我与领导的沟通中，我也应该尝试站在领导的角度去理解任务背后的战略目标和部门整体的工作目标。领导布置任务时，往往有宏观的考虑，而我如果能理解领导的目标和意图，就能够更好地调动自己解决问题的积极性，而不是一味地消极回应。

（3）找到共同点：实现目标的协作基础

高效沟通的关键是找出双方的共同点，即**双方都能认同的目标和价值**。如果我们的目标和需求完全对立，沟通就很难达成共识，最终很可能导致僵局。

案例中的应用

在我与开发人员的沟通中，我们的共同点是希望产品成功——无论我是产品经理还是开发人员，我们最终的目标都是确保产品顺利上市，用户体验好，并获得市场的认可。因此，我和开发人员应该围绕这个共同目标展开讨论，找到一个技术可行且符合市场需求的解决方案，而不是单纯地从各自的角度去推动自己的立场。

在我与领导的沟通中，我们的共同点通常是公司或团队的长远发展。我应该从团队的整体目标出发，理解任务对团队的意义，而领导则应当理解我在执行任务中的困难，共同商讨如何达成最终的目标。

（4）进行表达：清晰、简洁、有针对性

找到共同点之后，我的下一步是进行表达。这一阶段，我需要确保表达清晰、简洁且有针对性。通过清楚地阐述自己的目标，并且明确表达双方如何实现共同目标，才能促使沟通顺利进行。

案例中的应用

在我与开发人员的沟通中，我作为产品经理在沟通时要避免只停留在自己的需求上，而应该提出一种解决方案。例如，我可以说："虽然功能需求对我们很重要，但我们可以根据技术可行性对功能做适当调整，最终确保产品能按时上线并满足市场需求。"通过这样的表达，我既能够充分考虑到开发人员的技术挑战，又能传达出市场的紧迫需求。

在我与领导的沟通中，我也应该主动与领导沟通自己的困惑，并提出建设性的意见，而不仅仅是消极接受任务。比如，我可以说："我理解这个任务对团队的重要性，但在目前的资源条件下，是否可以调整一下任务优先级，或者是否可以为我提供一些额外的支持？"

结语：沟通的真正意义

通过梳理目标、理解他人、找到共同点并进行清晰的表达，我相信可以大大提升沟通的效率和效果。这不仅能帮助我们在职场中避免不必要的争执，更能增强团队的凝聚力。沟通的本质是**达**

成共识并推动目标的实现。

记住，职场中的每一次成功合作，都是通过有效的沟通达成的。通过运用这个思维模型，不仅能够更好地与他人合作，还能在复杂的职场环境中游刃有余，找到自己的位置并实现职业的突破。

3. 职场沟通的场景应用：如何用沟通四步法突破职场困境

在职场中，我们常常面临不同的沟通场景，每一个场景的背后都隐藏着一套解决问题的技巧。无论是团队协作中的责任推诿，还是向上沟通中的信息误差，甚至公众表达时的紧张不安，我们都可以运用高效沟通四步法来应对。

下面我将从四个典型的职场场景出发，结合沟通四步法来分析每一个情境，帮助你提升沟通效率，打破职场瓶颈。

场景一：团队协作中的责任推诿

典型场景

在一个跨部门的项目中，我们经常会遇到这样的情况：不同的部门之间互相推卸责任。每次开会时，大家都会提出很多意见和问题，但是最后没有一个部门愿意真正承担责任，结果项目一直拖延，进展缓慢，最终导致整个项目失败。

套用沟通四步法

（1）梳理目标

首先，需要明确项目的最终目标是什么。我们是不是在向着同一个方向努力？如果目标不清晰，就会产生意见分歧。对于这种跨部门的合作，目标必须明确，比如"按时上线产品"，或者"确保功能可用"。无论是哪种目标，都要确保每个人都能理解，并朝着同一个方向努力。

（2）理解他人

接下来，要理解各部门的难点和压力。例如，开发部门可能会担心技术难度，市场部门可能会担心用户需求，销售部门则更关注销售目标。应该在沟通前了解各部门的需求和担忧，避免与实际情况脱节。

（3）找到共同点

我们可以从项目的最终目标出发，找到各部门共同关心的核心问题。比如，所有部门都希望产品能按时上线并成功推向市场，那我们就可以围绕这个共同点来制订一个切实可行的计划，并在每个部门的职责范围内明确责任，避免责任推诿。

（4）进行表达

最后，清晰、简洁地表达观点。比如："我们每个部门的最终目标都是确保产品按时上线并满足用户需求。为了实现这一点，我们需要明确各自的责任。开发部门负责技术实现，市场部门负责推广，销售部门负责客户支持，我们每个人都需要履行自己的职责，以确保项目顺利进行。"通过这样明确的分工和责任表达，可以避免大家推诿责任。

万能句式

"为了达成（目标），我们每个部门有不同的职责。你们负责（任务），我负责（任务），我们每个人都必须确保按时完成自己的部分，这样才能保证整个项目的成功。"

场景二：向上沟通中的信息误差

典型场景

有时候，领导给我下达任务时，我因为缺乏主动沟通的习惯，总是默默接受任务并自己开始做。花费了大量的时间后，才发现我的理解与领导的初衷完全不同，最后交给领导的结果并没有达到他的期望，还因为沟通不清晰，遭到了批评和不认可，错失了升职加薪的机会。

套用沟通四步法

（1）梳理目标

首先，要明确领导交给我的任务是什么。领导的目标是什么，是想完成某个特定的任务，还是希望我提出一个解决方案？如果没有完全明确任务，就需要主动与领导确认目标，避免在理解上走偏。

（2）理解他人

其次，要理解领导交代任务的背景和他的期望。领导交代任务时，往往是基于公司的战略目标、部门的资源以及其他上下游环节的需求。因此，我应该从领导的角度去理解任务的重要性，以及他对最终结果的要求。

（3）找到共同点

再次，我需要与领导沟通，确保大家是为了同一个目标，找到共同点。比如，领导希望我做出一个方案，我希望这个方案能在时间和资源的限制下实现。大家共同的目标是提出一个能高效解决问题且符合公司战略的方案。

（4）进行表达

最后，在沟通时，应主动向领导汇报进度，并确认自己的理解是否正确。比如，"领导，我理解您的任务是希望我能在两周内提交一个市场推广方案，这个方案需要考虑市场调研的结果以及资源预算，您是否有其他的要求或建议？"

万能句式

"为了确保我能准确理解您的要求，您能否再帮我确认一下（任务内容）？我们是否有一些优先级的排序或具体要求？这样我能确保在执行过程中不偏离目标。"

场景三：公众表达的逻辑缺失

典型场景

我曾经有过几次拜访客户的经历，需要代表公司给客户讲解我们的产品方案。每次面对客户时，我都非常紧张，不知道从哪里开始讲起，尤其是在没有沟通表达技巧的情况下，往往思维混乱、语言不连贯，最终效果不理想。看着那些能够流利表达的人比我更早获得升职和加薪，我感到非常沮丧。

套用沟通四步法

（1）梳理目标

首先，我要明确这次演讲的核心目标是什么。是让客户了解产品的优势，还是让他们决定是否签约？明确目标后，我才能有针对性地准备内容。

（2）理解他人

其次，我需要理解客户的需求和背景。客户是关心我们的技术创新，还是更关注价格和市场占有率？我需要根据客户的需求来调整表达内容，使其更加贴近他们的关注焦点。

（3）找到共同点

再次，在与客户沟通时，共同的目标是：**如何解决他们的问题**。无论是通过我们的产品，还是通过定制化的方案，最终都是为了帮助客户解决痛点，提高效率。

（4）进行表达

我会先简明扼要地介绍产品的核心优势，然后根据客户的具体需求深入展开。比如，"我们公司的×产品专为解决（客户痛点）设计，通过（具体功能），能有效提升（客户目标）。我相信这将为贵公司带来显著的价值。"

万能句式

"感谢您给我这个机会，今天我将简要介绍我们的产品（或方案），并希望能够针对贵公司的需求提出最适合的解决方案。我们的目标是帮助您（解决痛点或达成目标）。"

场景四：艰难场景——要求加薪

典型场景

我曾有很长一段时间没有涨工资，心里非常不甘。于是，我鼓起勇气去和领导谈加薪的问题。然而，在沟通过程中，我只是表达了自己工作的辛苦和压力，却没有站在领导的角度去考虑问题。结果，领导直接拒绝了我，并没有给出任何实质性的答复，甚至让我感觉不被尊重。

套用沟通四步法

(1) 梳理目标

我的目标很明确：希望加薪。然而，我要理性分析自己的工作成绩和价值，而不仅仅是诉说自己的辛苦。

(2) 理解他人

我需要站在领导的立场考虑这个问题。领导可能有预算限制，可能要考虑团队的整体薪资结构。了解领导的考虑，能让我在提加薪时避免过于情绪化，理性表达自己的要求。

(3) 找到共同点

我们的共同目标是：让领导了解我的工作贡献，并希望通过加薪来认可我的努力和成就。我可以从自己的业绩出发，找到加薪的合理依据。

(4) 进行表达

我会清晰表达自己的贡献，以及自己在团队中的价值。例如："领导，我非常感激公司给我的机会，并且我已经在（项目/业绩）上取得了不错的成绩。为了进一步提高自己的工作积极性，我希望能和公司就薪资调整进行讨论。"

万能句式

"领导，我非常珍惜在公司的工作机会，过去一年我在（项目或贡献）上取得了一些成绩。我相信这些贡献对公司的发展是有帮助的。我希望我们能够探讨一下薪资调整的问题。"

通过这些典型场景的沟通应用，我们可以看到沟通四步法如何帮助我们在职场中更好地表达自己的需求，理解他人的立场，最终实现高效的协作和达成目标。

二、数据思维：用事实和洞察驱动决策

2017年年中，我在一家创业公司负责推广一款英语学习App。

那时，用户增长情况颇为理想，产品团队和运营团队都在思考：如何让新用户在初次体验后心甘情愿地付费？我们的思路相当直接：给每位新用户提供7天免费试用，然后在体验期结束时以自然过渡的方式引导他们付费。

为什么是7天？

当时，这个问题不需要回答。行业里几乎所有同类产品——从樊登读书到得到App，甚至一些英语学习类应用——都沿用这样的"免费试用→转化付费"模式。当时的我和团队都相信：7天足以让用户感受产品价值，自然会有更多人愿意掏钱付费。

直至有一天，新来的产品经理Jakey提出了质疑。

那是一个周一早上的例行会议，我还在翻看上周的新用户转化数据，Jakey突然问道："我们凭什么认定7天免费期就一定能提高付费率？"这句话像是一块石头，落入我们平静的思维池塘，激起了一圈圈涟漪。

我和其他同事下意识地回答："因为大家都这样做。"从语气上就能听出我们的迟疑。是啊，我们真的验证过吗？还是仅仅因为"行业惯例"就把这条策略当作颠扑不破的真理？

Jakey建议做一次A/B测试。

- 他的提案很简单：A组用户维持原有策略，依旧实行7天免费试用。
- B组用户则取消免费期，直接要求付费后才能继续使用。

通过这样的对照实验，我们能用数据回答那个被忽略已久的问题——7天免费试用到底有没有用？

说干就干，我们很快启动了为期一周的A/B测试。

前两天，我还心存侥幸，默默希望测试结果能印证我们的经验。毕竟，如果数据打脸，那意味着我们一直以来的策略可能是错的。

到了第7天，测试数据出炉。当同事将结果投放到会议室屏幕上时，所有人都愣住了：**没有免费体验期的用户付费率竟然是有7天免费体验用户的3倍**！我的手在微微发抖，会议室里只剩下吸气声。

为什么会出现这种出人意料的结果？

为了弄清真相，我们马上联系了数名用户进行回访。我们捕捉到了背后的逻辑：使用者是学生，但付费决策者是家长。家长在最初的1~2天会陪伴孩子，观察这款App是否真的有助学习。一旦免费期延长至7天，当孩子单独使用时，家长早已脱离了监督场景，也很难在"事后"回过头去为一个自己未持续关注的产品买单。

换句话说，免费期越长，家长对App的认知热度越低，后续付费意愿越弱。

有了数据和原因分析，我们迅速调整策略。

将免费体验期缩短至3天，让家长在"感受最强烈"的时间窗口内就面临付费决策。事实证明，这一改变让付费率激增了6倍。

当数字跃然纸上时，我意识到自己经历了一堂生动的"数据思维"课程。我们不该只凭主观经验或行业惯例来做决策，而应让数据为我们拆解问题、指明方向。

回想起来，早些年我在华为工作时，最初也常用"我觉得""我认为"这样的主观表述说服他人。

但后来我发现，当我能明确拿出数据——例如"89%的新用户在24小时内完成某关键学习任务"或"今年同比销售额增加24%"这样的信息时，能让我的观点更有说服力，也让沟通对话更加透明清晰。

在职场中，数据思维是一项底层能力。

通过感知问题、提出假说、选择表征、收集数据、分析验证这5个步骤，我们可以不断地从数据中获取洞察，不断修正策略。

在那次经历中，Jakey不盲从惯例，而是用A/B测试与数据分析重塑了我们的决策逻辑，这正是数据思维的力量。

所以，谁能在职场中用数据说话，谁就能最大程度地避免盲从、减少试错，用事实和洞察驱动决策。数据，不仅是数字的堆砌，更是帮助我们发现问题本质和解决方案的指南针。

为了让大家更好地用数据驱动决策，我总结了一套简单实用的数据分析"三问法"，可帮助我们在面对各种工作场景时，快速找到问题的答案并制定有效的行动方案。

1. 数据分析的"三问法":是什么、为什么、怎么办

在日常工作中,团队成员通常会遇到如下问题:

- 面对效果不佳的结果,不知道问题的根源是什么。
- 面对客户提出的新需求,不知道是该跟进还是该放弃。
- 在做下一阶段规划时,找不到清晰的目标和指标分解方向。
- 在撰写工作汇报时,不知道该如何用数据清晰地展示出自己的工作成效。

如果说之前的实践让我明白了数据思维的重要性,那么在面对这些具体问题时,我发现有一个简单且实用的分析框架——三问法。所谓"三问法",就是在分析任何一个业务问题时,先问自己三个问题:

- 是什么(What):目标是什么?核心指标是什么?
- 为什么(Why):为什么没达到预期?哪些因素在影响我们的关键指标?
- 怎么办(How):针对发现的问题,我们应该尝试什么样的改进策略?

数据分析三问法

What
目标是什么?
核心指标是什么?

Why
为什么没有达到预期?
影响因素有哪些?

How
如何改进?
优化策略是什么?

这三个问题看似简单，却常常能让我们在复杂的业务情境中拨云见日。

第一步：是什么

我记得在一次内部沟通会上，我向团队成员提了一个问题："你们有多少人在做一件事情时，从未认真想过它的最终目标是什么？"台下好几个人忍不住微微点头。在现实中，很多人只是接到指令就上手干，没有去思考为什么要做这件事、这件事的北极星指标[1]是什么。

举例来说：

- 内容类产品（如抖音、视频号）的北极星指标是用户的在线时长，因为时长越长，用户的黏性和消费潜力越高。
- 电商产品（如京东、淘宝）的北极星指标则是GMV（商品交易总额），因为GMV能直接体现销售表现和平台价值。
- 社交类产品（如微信、QQ、Soul）的北极星指标往往是用户留存率，因为只有用户持续活跃，平台的社交网络价值才能不断累积。

在我曾经负责的英语学习App中，我们的北极星指标是付费率和用户学习完成率。

无论是开发新功能、优化App界面，还是进行市场投放，最终都要服务于这个北极星指标。当你清楚了"目标是什么"时，才能明确当前结果到底有没有达到预期——是跑偏了，还是基本对路。

---

1 北极星指标（North Star Metric）在商业分析中至关重要。它代表整个业务的健康程度，是判断结果好坏的根本依据。

第二步：为什么

当我们发现目标达成率不高时，总有一种挫败感。团队成员可能会陷入无头苍蝇般的混乱：问题到底出在哪里？这时，就需要用数据去拆解影响因素。

举个例子，当我负责的项目销售额只有目标的60%时，我首先会从用户购买路径入手，将销售过程拆分成几个关键环节。

比如：

- 潜在意向客户数量（有没有足够的用户基数？）
- 转化率（从浏览到下单的比例是否过低？）
- 客单价（是不是有很多用户购买了低价商品，导致整体销售额不高？）
- 老用户复购率（老用户没有二次消费，造成销售额增长乏力？）

通过收集数据，我们假设：

- 本月意向客户100个。
- 平均客单价300元。
- 老用户续费率为20%。
- 整体购买转化率为3.6%。

有了这些数据，就可以采用两种分析方法——归纳法和演绎法。

- **归纳法：** 先看数据本身，然后归纳问题。例如，3.6%的转化率是不是相对于行业平均值低了很多？如果低，那么就是转化环节出了问题。客单价300元是否偏低？老用户20%的续费率是不是低于预期？用数据去佐证你的假设。

- **演绎法**：从客户接触到成交的完整链路一步步分析，看哪个节点掉队了。如果一开始用户就少，那是获客问题；如果浏览多但下单少，那是转化问题；如果买了一次不再回购，那是留存与产品竞争力的问题。

通过"为什么"的分析过程，我们常常能找到一个或多个关键原因。例如，可能是产品缺乏竞争力，导致转化率偏低；也可能是优惠力度不够导致客单价不足，又或是对老用户没有激励措施，续费率疲软。关键是，你不再仅仅用"感觉"来判断，而是有数据为你指明方向。

第三步：怎么办

知道问题所在后，下一步就是设计策略或实验来验证你的改进方案是否有效。这一步常常需要勇气和创造力，愿意打破固有思维，尝试新的路径。

回到刚刚那个销售额不高的问题上。如果我根据数据分析发现转化率偏低且对产品竞争力存疑，那么我可以尝试：

- 更换产品、优化服务内容，以提升用户体验。
- 增加购买前的试用环节，或增加显性的价值展示。
- 启动新一轮营销活动并对比数据，看转化率能否提升至5%甚至更高。

这些尝试就是在回答"怎么办"。有时，你需要做A/B测试，而有时，你需要换一套激励方案。核心是用数据反馈来验证策略有效性，从而不断迭代你的决策。

在这样的闭环中，你不但能解决眼下的问题，还能为后续决策积累宝贵的经验和数据基础。

2. 如何通过数据，洞察背后的商业价值

在职场中，数据分析的"三问法"能帮我们解决很多常见问题。这里我用四个典型场景来说明如何用"是什么、为什么、怎么办"来梳理思路、达成共识，并转化为商业价值。

场景一：目标达成率不高，不知道问题出在哪里

- 是什么：明确你的北极星指标是什么（比如销售额、用户留存率、转化率）。
- 为什么：找出影响指标的关键因素——如果是销售额不佳，那么拆解成意向客户数、转化率、客单价、复购率等数据项。
- 怎么办：确定改善路径，如优化产品、增加优惠、提升客户体验，并通过后续数据来验证策略是否奏效。

面对目标达成率不高，如何分析

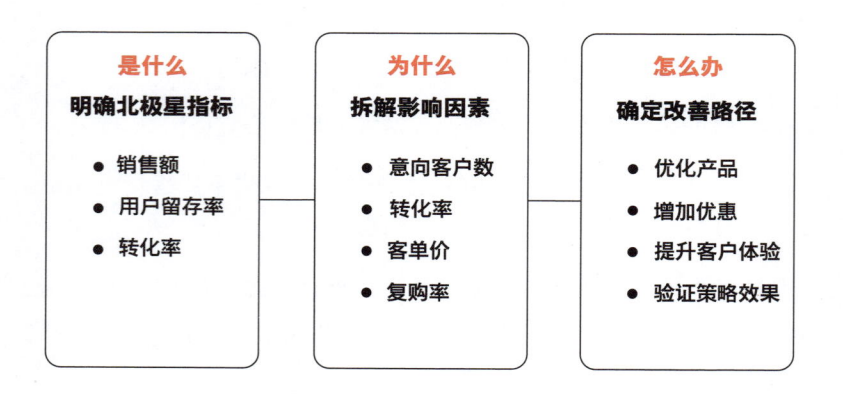

是什么	为什么	怎么办
明确北极星指标	拆解影响因素	确定改善路径
• 销售额 • 用户留存率 • 转化率	• 意向客户数 • 转化率 • 客单价 • 复购率	• 优化产品 • 增加优惠 • 提升客户体验 • 验证策略效果

场景二：在客户提出新需求时，不知该做还是不做

- 是什么：问清楚这项需求对业务的核心指标有什么影响？

能提升留存率吗？能增加GMV吗？

- 为什么：调查历史数据、用户调研结果，看是否有证据表明该需求能带来正面贡献。

- 怎么办：尝试小范围上线A/B测试，如果数据反馈良好，就全面铺开；如果无效，则及时止损。

面对客户新需求的决策流程

是什么	为什么	怎么办
评估需求对业务的影响： • 能否提升留存率 • 能否增加GMV • 核心指标影响评估	收集数据支持： • 分析历史数据 • 查看用户调研结果 • 验证正面效果证据	实施策略： • 小范围进行A/B测试 • 数据良好全面铺开 • 效果差及时止损

场景三：做规划时，不知如何制定和拆解下一阶段的目标

- 是什么：规划前先明确这一阶段的北极星指标，例如要在下季度将留存率从20%提升到25%。

- 为什么：分析当前留存率低的原因，是因为前7天留不住用户，还是因为长期用户逐渐流失？

- 怎么办：针对薄弱环节采取行动，比如增强首周用户体验、给老用户推送个性化内容，并通过数据追踪来校准行动结果。

目标规划与拆解分析流程

是什么	为什么	怎么办
明确阶段目标： • 确定北极星指标 • 设定具体目标值 如：留存率从20%→25%	分析现状问题： • 是否前7天用户流失 • 是否长期用户流失 • 识别薄弱环节	制定改进方案： • 优化首周用户体验 • 个性化内容推送 • 数据追踪校准

场景四：写汇报时，不知道怎么用数据展示自己的成效

- 是什么：先确定你想呈现的核心成果和对应的指标，比如销售额同比增长24%。

- 为什么：用数据拆解增长的来源，让管理层一目了然——是因为新增用户更多，还是因为客单价提高？

- 怎么办：如果对某一环节不满意，就制订后续改进计划，以数据为基础说明下一步打算如何提高关键指标。

数据汇报成效展示框架

是什么	为什么	怎么办
明确核心成果和对应指标： • 确定关键指标 • 量化增长幅度 • 进行数据对比	拆解增长来源： • 是否是新增用户贡献 • 是否是客单价变化 • 增加驱动因素	制订改进计划： • 识别提升空间 • 设定优化目标 • 跟踪改进效果

通过"三问法"，我们不再只凭直觉或经验处理问题，而是始终让数据为我们导航。当我们在"是什么"环节找到北极星指标

时，就不会迷失方向；当我们在"为什么"环节用数据剖析根源时，就能精准出击；当我们在"怎么办"环节设计实验、验证策略时，就能不断积累经验与竞争优势。

换句话说，数据分析并不是枯燥乏味的数字游戏，而是帮助我们从杂乱无章的现象中提炼洞察、挖掘商业价值的强大工具。从迷茫到清晰，从盲从到理性，从被动响应到主动出击，数据思维让我们在职场中不再手忙脚乱，而是坚定、从容、富有创造力地朝着目标前进。

三、产品思维：解决问题的系统化能力

我仍记得那个让我倍感尴尬又颇具冲击力的上午。刚刚上传的内部测试包被推送给了200名天使用户——他们是两所学校的教师、家长和部分负责信息化建设的工作人员。

我们原本满怀期待，希望从他们口中听到"这款家校沟通App真不错""终于有一款工具能帮助我们更好地管理课堂数据"之类的评价。

然而，第二天的留存数据犹如一记响亮的耳光——这200人几乎全部卸载了应用。

我看着后台的监控数据，心里五味杂陈。我刚刚从华为离职，入职这家创业公司还不到两周，就接手了这样一个原本已经开发了6个月却还没正式上线的项目。

我入职时，团队中的很多人都坚信：只要把功能做得更全、界面更完美，等到"万事俱备"之时再上线，用户就一定会喜欢。但现实就像冰冷的湖水，让所有美好的幻想都沉到了湖底。

在此之前,我曾不止一次地问过团队的产品经理:"为什么这款家校沟通App还不上线?"得到的回答都是类似的:"因为功能不够完善""页面不够精美""我们想要在发布前让产品更'完美'。"如果我不多问,就好像一切都有理有据。

但当我追问:"'完美'到底是指什么,要花多长时间才能达到?"产品经理的答案让我愕然——至少还要3个月的开发和调整。

3个月,在互联网时代意味着什么?用户喜好、竞争对手策略乃至市场环境,随时都在发生翻天覆地的变化。我很难接受这个逻辑,但我还是耐心倾听。

团队列举了他们的顾虑:

- 成绩分析的页面还缺少对比数据,没有和标准分数线、往期成绩进行横向比对的模块。
- 除了即时通信功能,家长圈等社交属性的功能还没做好。
- 其他一些辅助功能还在待开发列表上,还不完善,不能给用户看。
- ……

但我忍不住反问:"老师会因为功能多而选择这款产品吗?还是因为我们能给他们一个真实有效的价值,比如快速让家长看到学生关于课堂表现的数据?"话一出口,团队的气氛有些凝滞,没有人能立即回应我。

最终,我拍板决定:"不要再等了,立刻把现在的版本打包上架,先找真实用户测试!"这个决定在当时引起不小的争论,但我坚持:与其闭门造车,不如早点接触市场和用户,看看真实反馈。于是就有了那200个天使用户的试点。

现实打脸打得很快。当大家看到几乎全部用户选择卸载应用时，不少同事叹气、沮丧。可我却在这份尴尬中得到一种特别的启发：这些用户在反馈中并没有说"你们的成绩分析不够完善"或"缺少家长圈让我不满意"这类问题。他们给出的理由很干脆："有太多家校App了，这个没什么两样，没有必要多装一个。"

这瞬间让我意识到，所谓的"完美"在用户眼里也许一文不值。用户不需要一款花哨的、功能繁杂的App，他们需要的是一款能切实解决痛点的工具。

老师并不在乎你有没有家长圈和花哨的对比图表，他们更看重的是能否直接帮助他们解决眼前的关键问题——比如"学生课堂评价数据同步"，这才是真正能节省他们时间和精力的核心价值。

我当机立断，带领团队进行了大刀阔斧的改变。我们把App里那些烦琐复杂、没有明确价值的功能一股脑儿全部删除，只留下那个最有可能打动用户的核心点：学生课堂评价数据同步。这个功能能让家长实时看到孩子在课堂上的表现和老师的反馈，无须等待学期末的纸质报告，也无须在众多渠道里来回切换。

当新的版本再次投放到市场中时，留存数据令人惊喜——次日留存率居然高达60%。从满盘皆输到柳暗花明，我们只用了不到两周的时间。更重要的是，这个核心功能的成功为后续产品扩张奠定了坚实的基础，最终，我们的用户量一路攀升至千万级别。

回首这段经历，我真正体会到什么是"产品思维"。产品思维的核心不在于功能的多少、界面是否华丽，而在于你是否真的站在用户的立场理解他们的痛点，从而用系统化的方式解决问题。

那位一直追求"完美"的产品经理并不笨，他只是陷入了一种"自嗨式逻辑"，想当然地认为功能越多、页面越精美，用户就会越满意。可市场残酷地提醒我们：用户并不买账。用户在意的从来都是价值本身，而非堆砌的功能清单。

产品思维要求我们清晰梳理需求优先级，弄清楚哪些是"必须解决的核心问题"、哪些是"可有可无的功能"，从而在最短的时间内验证自己的假设。

在职场中，无论你是产品经理、工程师、市场营销人员还是运营专员，具备产品思维都意味着你能拎得清重点，不被表象蒙蔽。在激烈的商业竞争中，我们没有那么多时间去追求理想化的"完美"。与其坐在会议室里猜测和补全功能，不如早点儿让真正的用户告诉我们他们最需要什么。通过快速验证、不断迭代，我们才能把正确的产品带给真正需要它的人。

这就是产品思维，从用户角度出发，用系统化的方式识别问题、验证需求、优先处理最核心的痛点，并在实践中不断优化。掌握这种思维，你将在职场中拥有更清晰的决策逻辑，更敏锐的洞察力，以及更可持续的成长动力。

在实践层面，产品思维的价值远不止这些，它更是一种贯穿始终的解决问题的底层逻辑。

1. 从用户角度到解决方案：产品思维的核心逻辑

回想起我刚踏入互联网行业的时候，一位前辈曾对我说："做产品其实就是解决问题的艺术。"这句话在我后来的职业生涯中被不断印证。产品思维的核心逻辑，就是从最初的问题出发，以用户为原点，寻找行之有效的解决方案，并通过持续的数据验证来不断迭代和优化。它的最终目标，不是堆叠华丽的功能，而是为真实的用户带来真正的价值。

在实践中，产品思维并不只属于产品经理，它适用于职场中的每一个角色——运营人员通过它可更加精准地提升用户留存率，销售人员通过它可更加有效地锁定客户需求，技术团队可通过这种逻辑厘清优先级，从而更高效地实现目标。换句话说，产品思维不仅是一种方法论，更是一套帮助你在纷繁复杂的商业环境中保持清晰头脑的"系统思考能力"。

让产品思维有形化的工具就是"产品画布"（Product Canvas）。

产品画布是一种结构化的分析工具，可帮助团队站在全局视角，明确用户、市场和产品特性之间的关系。通过对产品画布的梳理，你能在有限的时间和资源下，把握产品的核心逻辑，为未来的发展指明方向。

通常，一个完整的产品画布包含以下9个关键环节：

（1）问题：明确产品要解决的核心问题或用户痛点。

（2）用户群体：确定目标用户是谁，以及他们的特征和需求。

（3）独特卖点：定义产品的独特优势，为什么用户会选择你的产品。

（4）解决方案：描述产品如何解决用户痛点，为用户提供何种核心功能与服务。

（5）用户渠道：产品通过什么渠道接触和获取用户。

（6）收入分析：规划产品的盈利模式，包括收入来源与定价策略。

（7）成本分析：评估开发、运营和推广成本。

（8）关键指标：确定衡量产品成功的关键KPI。

（9）门槛优势：识别产品的核心壁垒，使其不易被复制。

问题	解决方案	独特卖点	用户渠道	用户群体
核心问题与用户痛点	产品功能与服务	价值主张	获取用户的途径	目标用户画像
	关键指标		门槛优势	
	产品成功的KPI		核心竞争壁垒	

成本分析	收入分析
开发、运营、推广的成本结构	盈利模式与定价策略

当我们审视市面上一些令人印象深刻的产品时，就会发现它们都能将上述9个环节有机融合在一起，实现从用户洞察到商业成功的闭环。

以下是两个典型案例，它们可帮助我们更清晰地理解这一框架的落地——瑞幸咖啡与小红书。

瑞幸咖啡的产品画布示例。

（1）**问题**：中国城市上班族想要快速获得一杯高品质咖啡，但传统咖啡店售卖的咖啡价格偏高、门店少且排队时间长。

（2）**用户群体**：在一二线城市工作的年轻白领，对咖啡品质有要求，同时看重价格和便捷性。

（3）**独特卖点**：高品质咖啡、价格更亲民、线上点单+线下自提/配送模式，降低用户时间成本。

（4）**解决方案**：自建App下单，多渠道发放优惠券激励，密集铺设小型自提店和厨房店，保证在30分钟内送达。

（5）**用户渠道**：手机App、微信小程序、外卖平台合作、线下门店广告、社交媒体营销。

（6）**收入分析**：咖啡和轻食销售收入、会员充值折扣的预收款、品牌联名合作（后期）。

（7）**成本分析**：原材料（咖啡豆、奶制品）、门店租金和人力支出、App开发与维护、营销推广等费用。

（8）**关键指标**：新用户获取量、复购率、日均订单量、门店坪效、配送时效与满意度。

（9）**门槛优势**：强大的供应链与自营门店网络、数据驱动的选址和营销策略、快速迭代的线上系统。

问题	解决方案	独特卖点	用户渠道	用户群体
• 传统咖啡店售卖的咖啡价格偏高 • 门店数量少且分布不均 • 排队等待时间长 • 缺乏便捷的获取渠道	• 自建App线上点单 • 密集布局小型门店 • 30分钟快速配送	• 高品质咖啡 • 亲民的价格 • 线上点单+线下自提 • 快速配送服务	• 手机App • 微信小程序 • 外卖平台合作	• 一二线城市 • 年轻白领 • 重视品质与便捷 • 价格敏感度中等
	关键指标 • 新用户获取量 • 用户复购率 • 门店坪效		**门槛优势** • 强大供应链网络 • 数据驱动选址 • 快速迭代系统	

成本分析	收入分析
• 原材料成本：咖啡豆、奶制品等 • 运营成本：门店租金、人力支出 • 技术成本：App开发与维护 • 营销成本：推广与补贴	• 咖啡和轻食产品的销售收入 • 会员充值的预收款 • 品牌联名合作收入

通过这种梳理，瑞幸咖啡以高效的数字化供应链和物流系统，填补了传统咖啡店模式下的效率缺口，使产品在短时间内获得大量用户青睐。

小红书的产品画布示例

（1）**问题**：用户在做购物决策时缺乏可信赖的参考和体验分享渠道，尤其在新品牌或新产品面前常常犹豫不决。

（2）**用户群体**：以年轻女性用户为主，对时尚、美妆、生活方式有浓厚兴趣，同时希望从真实体验中获得购物灵感。

（3）**独特卖点**：UGC（用户生成内容）社区，真实消费体验分享、生活方式分享，高度垂直的内容社群氛围。

（4）**解决方案**：用户可在平台上发布图文、短视频笔记，分享心得和经验；其他用户通过搜索和浏览获得参考和灵感。品牌方也可入驻，与用户深度互动。

（5）**用户渠道**：移动App（主战场）、社交媒体裂变（用户分享笔记链接）、品牌合作推广、KOL内容营销。

（6）**收入分析**：广告收入、品牌合作推广费用、电商导购分成、后期的自营电商销售收入。

（7）**成本分析**：技术研发与服务器成本、社区运营与内容审核团队、品牌推广费用、创作者激励机制（例如补贴优质创作者）。

（8）**关键指标**：DAU（每日活跃用户数）、用户停留时长、内容发布量与互动量、转化率（从"种草"到购买）、用户留存率。

（9）**门槛优势**：深厚的UGC内容沉淀、用户对平台的信任与社区氛围难以复制、对美妆与生活方式领域的长期耕耘和品牌影响力。

问题	解决方案	独特卖点	用户渠道	用户群体
•缺乏可信购物参考 •新品牌决策困难 •真实体验分享少 •购物灵感获取难	•图文、短视频分享 •品牌入驻互动 •社区交流互动	•UGC社区 •真实消费体验 •垂直领域氛围 •"种草"分享文化	•移动App •社交媒体裂变 •品牌合作推广 •KOL内容营销	•以年轻女性为主 •关注时尚美妆 •热衷生活分享 •希望获得购物灵感
	关键指标 •DAU •用户停留时长 •内容发布量与互动量 •转化率 •用户留存率		**门槛优势** •UGC内容沉淀 •社区信任氛围 •垂直领域影响力	

成本分析	收入分析
•技术研发与服务器成本 •社区运营与内容审核 •品牌推广费用 •创作者激励机制	•广告收入 •品牌合作推广 •电商导购分成 •自营电商销售收入

通过小红书的画布,我们可以看到,它用真实、丰富的用户笔记打通了内容与消费决策之间的鸿沟。用户生产的内容沉淀为难以复制的核心壁垒,让小红书在社交电商领域建立独特优势。

看到瑞幸咖啡和小红书的例子,你会发现,虽然它们的产品形态不同、服务对象各异,但都在产品画布的9个环节中形成了自成一体的逻辑闭环。

用户的痛点和需求推动了产品定位;独特卖点和渠道策略扩大了产品影响力;清晰的成本与收入分析保证了商业模式的可行性;明确的关键指标又能为后续迭代提供有力的方向指引。最终,在门槛优势的护航下,产品在竞争中站稳了脚跟。

在职场中如何运用产品思维呢?

对大客户销售经理来说

核心目标是拿下订单。通过产品思维,你不再单纯依靠价格战或人情关系,而是先通过"问题-用户-卖点"的逻辑思考客户的真实痛点。例如,如果你的客户是一家规模化采购的企业,那么你可以强调你的产品在稳定供应链、成本控制上的独特优势，从而让你的方案更有说服力。

对用户运营人员来说

用户运营人员关心的是如何提升用户留存率和活跃度。借助产品思维，你可以先审视用户为什么会留存或流失，对照画布中的关键环节制定策略。例如，你发现用户群体中的"95后"用户更喜欢短视频内容，那么不妨进一步优化你的内容推荐和互动机制，从而加强用户黏性。

对测试岗位人员而言

测试不只是找Bug，更是为产品质量把关。如果你理解了整个产品画布，就能清楚地知道哪些功能是核心的，必须优先确保其稳定性与可用性；哪些功能是次要的，可以在后期迭代中慢慢完善。这样你的测试就有了重点和方向，不再眉毛胡子一把抓。

不管身处何种职位，当你用产品思维的方式审视工作时，你会发现自己更加清晰地知道要解决什么问题、为谁解决、用什么方法解决，以及如何检验解决得好不好。这不仅能让你的工作更聚焦，更能让你在多变的市场环境中保持灵活，并具备持续迭代的竞争力。

产品思维的核心在于一种从用户角度出发，系统性地解决问题的能力。用产品画布梳理你的逻辑链条，明确问题、定义目标用户、强化独特卖点，然后在真实市场中快速验证、快速调整。只有这样，你才能在纷繁的竞争格局中始终保持清晰的思路，快速出击，真正实现从用户角度到解决方案的完美落地。

2. 案例拆解：用产品思维优化你的职场价值

前面我们探讨了从用户角度出发、借助产品画布等方法论来落地产品思维。其实，产品思维的适用范围不只局限于产品经理、运营专员或企业创始人。在职场的方方面面，每个人都可以用上这种"以用户为中心、以价值为导向"的思维方式来找到突破口，提升自己的职场价值。

接下来，我们就从四个典型场景出发，看看产品思维如何帮助职场人聚焦关键问题，优化决策逻辑，并最终登上更高的职业台阶。

场景一：当日常工作任务非常多时，如何用产品思维找到最有价值的事情？

假设你是一名项目经理，手头有客户邮件要回复、内部会议要召开、供应商报价需要比对、团队成员还在等你分配任务。烦琐的事务像接力棒一样奔赴你的桌面，搞得你目不暇接。在这种情况下，许多人会陷入疲于应付的状态：能完成一件是一件，先处理被催得最急的那个需求。

如果用产品思维去重新审视这一切，那么首先要问自己："谁是我的用户？他们的核心痛点是什么？我能提供的价值是什么？"例如，如果你的"用户"是项目的最终交付对象，可能是内部的市场团队，或是外部的客户，那么最有价值的事情一定是那些能推动项目进展和满足用户核心需求的。

就像我们在产品画布中先确定问题与用户群体那样，你可以把手头的工作进行分类：

- 直接影响项目交付的任务（核心功能）。
- 锦上添花的附属品（增值功能）。
- 可以暂缓处理的日常杂事（非关键业务）。

通过这样的梳理，你可以像产品经理为产品功能排期一样，为自己的任务列表确立优先级。将宝贵的时间和精力投放在最能满足用户核心需求、实现关键目标的事项上。这样，你便能告别低效的"救火"模式，快速抓住能对最终结果产生最大影响的工作。

场景二：刚步入职场的时候，如何用产品思维掌握岗位技能、达成业绩目标？

对一个刚步入职场的新人而言，挑战在于对岗位技能、行业规则、团队氛围都不甚熟悉。许多新人会盲目学习一堆技能，却不清楚哪些技能能够真正提升自己的价值。此时，产品思维能让你更快聚焦关键要点。

将自己看作一款"正在迭代中的产品"，你的"用户"是谁？可能是你的直接经理、团队成员，以及最终的客户或使用者。你的"核心价值"是什么？在基础岗位上，比如行政助理、初级运营专员或售后客服，你的核心价值很可能是"高效执行"和"稳定产出"。

因此，你需要快速识别哪些技能能让你更快满足这些人的核心需求。例如：

- 对销售人员而言，熟悉产品、客户的情况比了解内部流程和高深的分析工具更有价值。
- 对初级运营人员而言，学会统计用户数据、筛选关键指标，往往比涉猎复杂的营销策划更实用。

像产品迭代一样，你通过"小步快跑"的方式来学习：先掌握那些能立刻提高你的产出效率和质量的基础技能，然后根据团队反馈和上级要求不断调整学习重点。这样，你会比盲目囤积技能的新人成长更快，并且成长得更有方向性。

场景三：面对客户时，如何用产品思维进行沟通，从而达成合作？

对销售人员、客户经理、商务拓展人员来说，面对客户时最大的挑战往往是：客户提出的需求很多，但你不可能全部满足；或者客户说不清自己的需求，让你无从下手。在这些情况下，产品思维能帮你抓住本质。

首先，把客户看作你的"用户"。他们提出的需求就像一长串"功能列表"。你需要通过提问和洞察找到客户的"核心痛点"。比如，一个客户想要更低的价格、更短的交付时间、更个性化的服务，但他的本质诉求可能是提升某项业务的KPI或降低某类运营成本。

一旦你捕捉到客户的核心问题，就像产品经理确认了产品的北极星指标，那么你的沟通就有了方向。你可以主动引导客户讨论："在这个方案中，我们特别强调交付速度，因为我看您之前最头疼的环节是库存周转时间过长，对吗？"通过这种方式，你把客户的零散需求整合成一个核心价值诉求，再针对这个痛点提供最优的解决方案。

这种基于"问题–用户需求–解决方案"的沟通逻辑，让客户体会到你真正懂他们。最终，你们更容易达成合作，因为你的建议不再是单纯推销，而是从对方的业务视角出发，提供了切中要害的价值。

场景四:在职场晋升过程中,如何用产品思维抓住机会,完成从执行层到管理层的跃迁?

随着经验和能力的积累,你可能渴望从执行层走向管理层。在这个跃迁过程中,有人被困在瓶颈里,因为他们依旧停留在"做好手头工作"的层面,而没有跳出个人贡献者的格局。

此时,用产品思维重新审视你的职业路径尤为重要。

你不再是一个个人执行单元,而应把自己定位为"管理与决策的产品经理"。你的"用户"可以是你的团队成员、你的上级、你的下游合作部门,以至整个公司的战略方向。

在这个层面,你要思考的问题不再是"我做什么任务",而是"我如何搭建一个高效的工作体系,让团队产出更大价值"。例如:

- 哪些项目流程是痛点,通过调整可以让团队更高效?
- 哪些决策机制不合理,导致信息不对称或资源浪费?
- 如何为团队定义北极星指标,让每个人的努力都指向同一个目标?

当你能像产品经理审视产品那样审视组织运作、流程设计和团队激励时,你自然更容易赢得领导的信任和欣赏。这就是凭借产品思维完成角色跃迁的秘诀:从微观执行跳到宏观系统,以价值和效率为导向,不断迭代管理方式,塑造属于自己的核心竞争力。

通过上述四个场景,你会发现产品思维是一把通用钥匙,可以帮助你在不同的职业发展阶段找到更优的解题方法。

无论是面临烦琐的日常工作、刚入行的技能成长、对外沟通的客户拓展,还是晋升管理层的关键节点,产品思维都提供了一条清晰的逻辑主线:

（1）明确问题与目标（你在解决什么）。

（2）确定用户与需求（你的对象是谁，他们真正想要的是什么）。

（3）提炼价值点与独特卖点（你的解决方案为什么更好）。

（4）通过小步迭代和数据反馈不断优化（你的尝试有效吗，需要如何修正）。

在职场这个充满不确定性的竞技场中，有价值的并不仅是你掌握了多少技能，更重要的是你能否把这些技能有机整合，站在更高的视角和以更周全的逻辑来面对挑战。产品思维正是这样一种底层能力，让你在面对变化时不慌不忙，用系统化、可迭代的方式持续提升自己的职场价值。

四、商业思维：从执行者到参与者的跃迁

那是2013年的一个清晨，我坐在华为终端公司的办公室里，打开后台的数据图表。现实像是一记重击：针对拉美市场的智能手机新品，上线首周销售额接近零。仓库里堆放着价值约200万美元的库存与物料，像一座沉默的冰山。几天前，团队还信心满满地预测首月可以在当地卖出至少上万台，如今却是尴尬无比。

当时，我们选择了一条"以低价取胜"的路线。根据当地销售团队反馈的资讯："这里的人均GDP不高，普通消费者不可能轻松买下高价智能机，500美元以下的定价或许能一炮打响。"听上去很合理。于是，我们将国内一款千元级（约160美元）的基础手机略微升级，期望在拉美市场以500美元左右的价格取得突破。

现实却让人诧异：

- 苹果的iPhone 5在当地售价1000美元以上，仍不愁卖。
- 三星Galaxy S4系列的售价为800~1000美元，依旧供不应求。
- 其他本地品牌的"平价智能机"则在100~200美元区间。

我们在中间地带卡壳了：500美元在当地既不算顶级配置，也不算真正廉价。追求时尚和身份的富裕阶层，对这个价位的产品品牌认知度不足，也不具备炫耀价值；对普通消费者而言，我们又没有绝对的低价优势。

最糟糕的是，降本减配导致产品体验打了折扣，屏幕显示效果平平，软件优化也不到位，与高端大牌的距离不仅是价格，更是品质和品牌背书的差距。

走访渠道方，他们皱着眉无奈地说："没人在乎你的折中方案。要么便宜到没商量，要么干脆上高端，否则消费者根本不会多看一眼。"线上用户评论区里的留言更是毫不留情："这个品牌我听过，可是和我花大价钱追求的体验差太远。""要炫耀，我就选iPhone；要省钱，我就选更便宜的本土品牌。这款产品在中间不上不下，我为何要买？"

痛定思痛，我开始细查数据，并与其他热卖机型做对比：

- iPhone 5：定价高达1000美元，但当地中上层消费者抢着买。
- Galaxy S4：定价800美元左右，却在购物中心和网络商城大受欢迎。

当地人用手机彰显身份的趋势正在迅猛发展，越贵越能体现个性和地位。

原来，2013年的拉美手机市场正处在智能手机浪潮初期，高端用户引领消费风向。他们不差钱，更在乎新兴科技带来的地位感。高端机型的溢价不仅体现在硬件质量上，更是一种品位的象征。我们简化后的产品放在这里卖500美元，消费者既无法获得品牌荣耀，也不能享受真正顶尖的使用体验。

还有一个更深层的代价：品牌定位的失守。我们以次优策略切入市场，却没有建立清晰的品牌价值，用户自然将我们打入"没啥特色的中档货"一列。在这样的市场环境中，日后想重回高端路线，就需要花费数倍的精力、营销成本和时间引导消费者。此时，苹果和三星依然在前方高歌猛进，我们已经错失时间窗口。

这一次的教训让我更加清晰地理解商业思维的重要性。

- 商业思维不仅是计算成本和利润的简单运作，更是从更高视角观察整个价值链：用户真正想要什么？是低价，还是身份象征？

- 市场正处于怎样的阶段？处于早期尝鲜者引领的成长时期，还是大众化普及时期？

- 品牌定位如何影响长期战略？冲击中高端市场需要时间酝酿，贸然用低配机型进入等于自损羽翼。

特斯拉的故事就是很好的借鉴。它在初创期并未立刻推出低价车型，而是先发布高端Model S，以创新与品质征服高消费人群，然后逐渐下探。先行举起高端的光环，让消费者对品牌的科技含量和形象深信不疑。

在职场中，每个人都需要具有这种商业思维：

- 当你推动一个项目时，不仅要考虑当前的收益，还要想想长期的品牌影响。

- 当你面对竞争对手时，不能仅看价格与功能参数，还要看谁能更好地满足用户的内在需求。
- 当你做资源分配时，要思考那些看不见的风险与机会成本。

商业思维让你从"执行者"跃迁到"参与者"。执行者只是在收到信息后立刻行动，可能忽略了背后更宏大的商业逻辑。而参与者则能像一名棋手，看到全局，预判趋势，理解价值流动与稀缺要素的影响。

这一切教会了我，在商业社会中，成功不仅靠表面数据和单次博弈，也需要对用户心理、价值定位和市场格局有透彻洞察。只有这样，你才能避开表面逻辑的陷阱，抓住品牌与价值塑造的关键机遇。

如果要真正理解商业世界的运作逻辑，就必须深入探究行业的盈利模式与价值创造机制，这是商业思维落地的关键环节。

1. 如何理解行业运作逻辑与盈利模式

在商业世界中，无论是百年老店，还是方兴未艾的初创企业，其底层逻辑都源自对市场、资源和用户需求的精准理解与要素重组。通过这种创新组合，企业可超越行业平均效率，构建结构性优势和长期壁垒。

商业思维的核心在于透过复杂现象，看清行业的底层运作逻辑。你需要从更高视角理解市场，洞悉竞争环境，并在不断变动的格局中寻找确定性。要实现这一点，有三个关键思维可作为指引：增量思维、需求思维与正向反馈效应。

增量思维

企业要着眼"新事件"而非"老事件"的微调。所谓新事件，是指尚未充分满足的需求、新兴的消费场景或全新商业生态。

例如，传统酒店行业已相对成熟，优化空间有限。Airbnb却从增量视角切入，为用户提供本地化、多样化的短租体验，满足了原本被忽视的需求，从而打开新的增长蓝海。这种思维意味着不要只在现有市场中打转，而应不断捕捉未被满足的潜在需求。这让你能够在竞争对手尚未行动时卡位，用创新获取增量市场。

需求思维

无论你提供产品、服务还是平台，商业的起点与终点始终是用户需求。

企业做的是供给，但供给背后是用户的真实渴望。只有真正理解用户为什么选择你的产品，为什么愿意为你的品牌买单，你才能构建有效的商业模式。特斯拉在早期并未推出廉价车，而是以高端Model S满足高端人群的身份与创新需求。通过抓住这部分需求，为品牌建立了强大的科技与品质背书，再向下延伸实现规模化。这就是需求思维在决策中的体现。

正向反馈效应

当企业在某一关键领域形成优势后，这种优势会通过数据、用户基数、品牌认同等渠道不断强化，形成"强者愈强"的良性循环。

社交媒体巨头Facebook的地位之所以难以撼动，是因为其用户体量达到临界点后，吸引了更多广告商和创作者加入，从而提升了平台价值。这种正向反馈效应让对手很难在同一条赛道追赶上。在商业布局中，先行者在关键节点建立的壁垒，会随着用户与资源的聚合而不断强化。这让优势者持续保持领先，构建出后入者难以逾越的护城河。

掌握增量思维、需求思维和正向反馈效应后，我们再来看现代商业中常见的6大商业模式。通过这些模式，你将更清晰地理解行业运作的底层逻辑与盈利核心。

（1）平台模式

核心逻辑：平台连接供给与需求两端，用技术和规则提升资源配置效率，并借助网络效应获得持续增长。

代表案例：滴滴打车、淘宝、Temu。

滴滴打车

早期，消费者的痛点是"打车难"，司机的痛点是"空驶率高"。滴滴通过App精准匹配双方，让供需对接信息透明化。一旦用户量基数扩大，平台价值就将倍增，更多司机与乘客被吸引加入，形成强大的网络效应。

淘宝

淘宝以海量商家和商品满足各种消费需求。卖家为流量付费，消费者享受了丰富的选择与安全的支付环境。当用户与卖家基数达到一定规模时，淘宝就具备了难以替代的生态优势。

Temu

在出海场景中，Temu以极低的价格和丰富的品类切入，对标对价格敏感的用户群。当平台规模增长，能与供应商形成更强议价能力，再传导给用户时，就形成"价格-用户-规模"的良性循环。

壁垒总结

- 网络效应：用户越多，平台越有价值。
- 数据与品牌：沉淀大量交易数据，优化推荐与定价策略。
- 多元生态：平台可以横向扩张业务版图，提高用户黏性。

（2）消费品模式

核心逻辑：直接面向C端用户，以品牌、品质、营销塑造独特消费体验，日积月累地在消费者心智中建立壁垒。

代表案例：花西子、完美日记、认养一头牛。

花西子

抓住新生代消费者对东方美学的热爱，以独特的品牌故事和产品设计获得认可。消费者不仅买产品，更买产品背后蕴含的文化与审美。品牌溢价与情感认同使其在众多化妆品品牌中脱颖而出。

完美日记

亲民定价+时尚设计+KOL营销，实现快速获取年轻用户青睐。持续上新、多SKU策略与持续"种草"，让用户建立高黏性消费习惯。

认养一头牛

通过"认养"概念强化溯源与有机健康形象，让消费者对产品产生情感与信任。供应链可控、品质可信，用户愿意为优质奶源与品牌价值支付溢价。

壁垒总结

- 品牌认同与心智占领：品牌价值难以复制。

- 供应链整合与品质控制：高标准生产与原材料把控。
- 营销与渠道策略：有效融合线上与线下，实现多渠道触达用户。

（3）连锁门店模式

核心逻辑：通过标准化与数字化，大规模复制成熟的单店模型，在规模扩张中实现成本摊薄与品牌效应。

代表案例：瑞幸咖啡、钱大妈。

瑞幸咖啡

小店铺、低租金、线上点单、自提为主，实现快速复制和低成本扩张。数字化后台实时分析用户偏好，快速迭代产品组合。当门店网络分布密集后，品牌黏性与用户习惯形成闭环。

钱大妈

主打"不卖隔夜肉"，通过快速清货、夜间降价等策略，高效周转生鲜库存。此外，标准化采购与统一供应链也降低了成本。用户对新鲜品质的要求与品牌承诺形成强关联。

壁垒总结

- 标准化流程：保证复制效率。
- 数字化运营：精准分析数据，优化库存与选址。
- 品牌信任：一旦用户接受店铺模式，复购与高频消费就会随之而来。

（4）SaaS模式

核心逻辑：以软件订阅服务为主，为企业提供降低成本、提高效率的工具。客户留存与持续付费成为盈利基础。

代表案例： 有赞、360（企业服务）、贝壳（SaaS化尝试）。

有赞

面向电商卖家提供店铺工具、小程序商城、营销插件等服务。商家付订阅费与增值服务费。有赞在积累大量商户数据后，不断优化产品，降低商家迁移意愿，形成数据与技术壁垒。

360企业安全

把安全防护从硬件转向云端订阅服务。企业只需持续付费更新，无须昂贵IT投入。用户基数与数据越多，360越能优化模型，提升安全水平。

贝壳找房（延伸SaaS工具）

从房产中介平台向管理工具延伸，把房源管理、经纪人培训、交易流程数字化标准化。中介公司在使用这些工具后，一旦熟悉和依赖，就产生了迁移成本，巩固贝壳在行业中的地位。

壁垒总结

- 订阅收入与低边际成本：规模效益显著。
- 数据与技术迭代：不断优化算法与功能，提升客户满意度。
- 行业认知与模块化设计：深刻理解客户业务流程。

（5）AI模式

核心逻辑： 以人工智能为核心驱动力，用数据和算法提升决策、生产和服务效率。规模与数据积累强化模型训练与迭代能力。

代表案例：豆包（AI教育）、Kimi（AI客服）、萝卜快跑（百度自动驾驶）。

豆包（AI教育）

用个性化学习路径与智能评测，为学生与教育机构提供精细化教育服务。学生的数据越多，算法越准确，体验越佳，可形成"数据–模型–体验"的正向反馈。

Kimi（AI客服）

通过自然语言处理与预测模型为企业客户提供自动化客服与商业决策建议。客户越多，场景越丰富，模型越智能，新进入者很难达到同等水平。

萝卜快跑（百度自动驾驶）

车辆行驶数据和场景积累越多，自动驾驶算法越成熟，安全性与可靠性越高。用户信任提升，更多试点城市接入，完成规模化布局。

壁垒总结

- 数据驱动的算法迭代：更多数据=更智能算法。
- 技术门槛：高端研发团队与前沿技术储备。
- 行业标准制定：一旦成为行业标杆，新进入者难以撼动。

（6）高端服务模式

核心逻辑：以特定群体为对象，提供高溢价、高品质、稀缺性或垄断性服务。品牌和专业资源构成壁垒。

代表案例：爱尔眼科、大辰商学院。

爱尔眼科

在眼科医疗领域以高服务质量和顶级医疗资源建立信任度。全国化布局和标准化医疗质量，让患者对品牌形成强烈认知。垄断关键资源后，其在定价与市场拓展上更具主动权。

大辰商学院

为企业高管、职场白领精英提供高端培训与资源对接，凝聚稀缺人脉与知识储备。学员既得到知识，又获得圈层认同。品牌背书与顶级导师资源形成强劲壁垒。

壁垒总结

- 稀缺资源与权威背书：难以模仿与复制。
- 高端品牌溢价：用户愿为品质与圈层买单。
- 口碑与圈层扩散：优质服务让高端人群口口相传。

从模式到个人职场价值的跃迁

理解上述模式的本质可以帮助你在职场中获得更清晰的方向。

明确企业核心壁垒

问自己：你所在的公司到底靠什么取胜？是数据、品牌、技术、渠道还是用户心智？理解这些后，你可以将个人工作与企业壁垒相结合，让自己的产出为公司的长期竞争力添砖加瓦。

将执行任务上升为战略思考

不再只是完成KPI，而是尝试用商业思维对日常工作进行解构。比如，你是消费品公司的营销人员，不仅要提高销售额，还应思考品牌定位、用户心智塑造，让你的工作对长期品牌壁垒有贡献。

运用增量思维、需求思维、正向反馈效应

- 增量思维：寻找新兴需求，不满足于老事件优化。
- 需求思维：以用户为核心，从用户痛点逆推产品与策略。
- 正向反馈效应：打造良性循环，利用已有优势进一步强化壁垒。

参与策略制定与资源配置

当你懂得商业模式的底层逻辑时，你就可以主动提出优化建议，影响决策层的判断。例如，在平台公司，你或许可以通过数据分析帮助公司发现新供应品类的潜力，从而提升平台多样性与竞争力。

提升个人竞争力

具备商业思维的人，面对转型与变革时更从容。当企业从消费品向平台化延伸，或从平台向SaaS转型时，你理解这些模式间的逻辑，就能更快调整工作方法，为团队提供具有前瞻性的思路。

总结

商业社会的竞争从来不是单点博弈，而是整个体系的对垒。要想理解行业运作逻辑与盈利模式，你需要站在更高层次，以增量思维、需求思维、正向反馈效应三个维度为参照，通过平台、消费品、连锁门店、SaaS、AI与高端服务六大模式的案例，清晰掌握企业成功背后的"密码"。

当你能清晰拆解企业的商业模式，并将个人工作与公司的关键壁垒相连接时，你就不再是单纯的执行者，而是成为具有战略眼光的参与者。在这种思维升级下，你能更好地抓住机会，影响公司决策与资源配置路径，从而完成从职场雇员到潜在管理者、决策者的跃迁。

要在竞争激烈的时代走得更远，你需要这种商业思维。这不仅是晋升管理层的必要条件，更是让你在风云变幻的商海中保持清醒、稳健前行的法宝。

下面的内容将延续前面章节所阐述的商业思维和行业逻辑，帮助你在实际的职场情境中，从"听指令"走向"发现机会"，从执行者转变为深度参与者。通过增量思维、需求思维和正向反馈效应的有机运用，你将在平凡的工作中发掘增长点和核心价值，为职业发展打下更坚实的基础。

2. 从"听指令"到"发现机会"：参与业务决策的能力

当我们谈及"商业思维"时，不仅是指对企业盈利模式与行业逻辑的宏观把握，更要将其融入个人工作场景。让商业思维在微观层面"落地"，这才是你真正走向决策层的第一步。

下面是四个常见职场场景，通过这些案例，你将学会如何切实应用前面所说的增量思维、需求思维和正向反馈效应。

场景一：作为普通一线员工，如何提升商业认知？

难点回顾

刚入职的初级产品经理可能常常只是在团队安排下撰写需求文档、协调研发、跟进测试，并没有太多机会思考更高层面的战略逻辑。久而久之，你可能觉得自己仅仅在"对接需求"，而不是在"创造价值"。

商业思维切入点

增量思维

不要局限于上级给出的功能列表或迭代计划。作为初级产品经理，你可以通过数据分析和用户反馈寻找新的增量空间。例如，某个低频使用功能是否能通过微创新带来新增长点？有没有细分人群的使用场景还未被满足？当你主动为现有产品发掘新潜力，而不仅是机械地执行领导指令时，才是增量思维的体现。

需求思维

以用户的真实需求为核心来反思当前的产品规划。比如，当接到"优化搜索功能"的任务时，不要只想着调整筛选选项或提升性能，而应思考：用户为什么要用这个搜索功能？他们想找什么信息？他们在搜索结果中最在乎什么？当你从用户需求出发对功能逻辑进行重新梳理，并提出更契合用户价值的方案时，就能在领导面前展现出你的深度思考能力。

正向反馈效应

当你主动提出有价值的优化方案，并将其在小范围灰度测试中进行验证，数据一旦证明改进有效时，你的努力就能获得上级认可。这种正面反馈会逐步提高你在团队中的话语权和信誉度，让你有机会参与更早期的需求讨论和策略决策。久而久之，从"听指令"到"参与定方向"的转变就会水到渠成。

行动计划

- 每周为自己设定一个观察点：在既有开发任务之外，多留意产品数据与用户反馈，观察有没有未被满足的细分需求？
- 将发现的问题和建议以数据化、案例化的方式呈现给上级，并适当提出快速验证方案。如先在小流量中测试你的优化点，再拿结果说话。
- 利用增量思维抓住小范围试验的成功机会，不断积累经验和成果，为自己的职业发展铺路。

结论

作为初级产品经理，你的岗位天然与用户、市场、业务关联紧密。这正是你施展商业思维的绝佳沃土。不要只满足于领导给出的需求点，多问问"用户还需要什么？""市场还缺什么？"这样，你将不再只是文档撰写者和需求执行者，而是能主动为产品成长提供思路的贡献者。

场景二：做工作汇报时，如何说到点子上，从而脱颖而出？

难点回顾

许多人在汇报中只会简单罗列数字、陈述流程，缺乏对数据背后含义的提炼。领导希望听到的是业务洞察与建议，而不是干巴巴的数据汇总。

商业思维切入点

增量思维

不要局限于"完成了什么"，而是展示"还能在什么地方再往前走一步"。例如，当你汇报一个营销活动时，不仅要呈现活动曝光数和转化率，还可以指出未被满足的用户群或潜在的增量市场空间。领导想听的不仅是结果，更是未来的可能性。

需求思维

以用户的语言解读数据。比如，你在汇报电商促销效果时，不要只说"转化率为2.5%"，可以进一步解释："在这2.5%中，大部分是首次尝试新产品的年轻用户，他们对价格不敏感，对品牌故事更感兴趣。"这种从用户需求角度进行的分析让领导一听就明白，这个数据对未来决策有什么帮助。

正向反馈效应

当你多次在汇报中展现这种思维时,领导与同事就会对你的分析能力产生信任。下次做决策时,他们更愿意邀请你参与前期讨论。从此,你就不只是被动接收信息的人,而是业务决策中的"意见提供者"。

行动计划

- 汇报前先问自己3个问题:这项数据或任务对最终客户有什么影响?哪一部分还有挖掘潜力?能否针对这个潜力提出具体改进方案?
- 将枯燥数字转化为故事呈现。如:活动期间新客占比增加的背后,是这群用户对健康、环保的关注度的提高。我们在下次营销中可以尝试针对他们定制专属优惠和内容。

结论

你的汇报不是走流程,而是展示深度思考的舞台。利用商业思维,你的汇报将变得有逻辑、有洞察、有建议,以此在团队内建立你的专业与洞察力形象。

场景三:接到新产品或市场任务时,如何高质量完成?

难点回顾

面对新任务,尤其是市场或产品拓展方面的任务,你可能有些茫然:不知道从哪里下手及如何让成果更有说服力。

商业思维切入点

增量思维

明确新产品的增量价值在哪里,是填补市场空白,还是优化现有体验？不要仅在已有资源中调配，应积极寻找可以让产品更上一层楼的切入点。比如，你负责的一款新营养饮品上市时，不要仅满足于原有消费者的习惯，而要思考能否在功能、场景上拓展新的消费人群？比如满足深夜加班人群的营养需求，以此开拓新的增量市场。

需求思维

把新任务的逻辑起点放在用户需求上。新产品或市场策略不是凭空诞生的，一定有用户需要这样的东西。确定目标人群是谁，他们为什么需要此产品？他们希望在产品中得到什么价值？若你能用"满足用户需求"来组织整个任务执行流程，就能不跑偏，不浪费资源在无关紧要的功能或活动上。

正向反馈效应

尝试小范围试点，以进行快速验证。比如在某个试点市场推出产品，看用户反馈如何，将真实数据回传到决策环节，对产品功能和定位做快速迭代。每一次成功的小试验，都会为你在组织内部树立"能干实事"的口碑。领导也乐于给你更多资源，让你把正向循环放大。

行动计划

- 接到任务后，立即梳理用户画像和核心场景，明确这款产品要解决什么关键问题。

- 找出可快速试点的群体或市场，从小范围试运行中获取反馈数据，以数据驱动后续迭代。

- 每阶段总结经验，将试点经验、失败教训和成功策略汇报给团队，让决策者感受到你的行动有逻辑、有方向，不是盲目试错。

结论

不再被新任务吓到,反而把它视为展示商业思维的绝佳机遇。你将证明自己不仅能执行任务,还能洞察市场、理解用户,成为推动产品成长的中坚力量。

场景四:晋升管理层后,如何通过商业思维获得团队认可?

难点回顾

晋升管理层后,你不再只是完成上级下发的指令,而是需要带领团队达成战略目标。团队成员可能对你的新角色抱观望态度,你需要迅速建立领导力与权威。

商业思维切入点

增量思维

作为管理者,不要只把任务分配下去,而要帮助团队看到宏伟蓝图中的新机遇。用增量视角为团队指明方向:为什么这项新策略能带来全新市场空间?为什么我们要关注某个新兴需求点?当团队成员理解任务背后的"增量价值"时,会更有热情参与。

需求思维

你的团队成员也是"内部用户"。他们渴望清晰的目标、合理的激励和个人发展空间。倾听他们的职业诉求,为他们提供成长空间。这也是一种需求思维的延伸——不仅要关心外部客户,也要重视内部团队的需求。让他们感到你是站在他们的角度为他们规划未来的。

正向反馈效应

当你用商业思维指导决策,并在关键时刻做出清晰的战略判断时，团队会从结果中受到鼓舞。比如，你预测到某个市场的新机会点，并带领团队提前布局，取得效果后，团队将信任你的判断，建立正向反馈效应。下次遇到挑战时，他们更愿意遵从你的决策。

行动计划

- 在团队会议中阐述任务的商业逻辑，让成员不仅知道"做什么"，还要清楚"为什么这么做"。
- 制定阶段性目标和明确的可衡量指标，用达成率和用户反馈来检验团队努力的方向。
- 对取得成果的成员给予即时认可，让他们感受到努力有回报，进一步强化团队的凝聚力。

结论

你的领导力不只是权力地位，更是通过商业思维塑造的一种影响力。当团队成员意识到你是从全局和用户需求出发、为他们的成长和业绩负责的领导者时，他们将愿意追随你的脚步，与你共创价值。

总结

在这四个场景中，商业思维并不是高高在上的概念，而是渗透到日常工作的每一个环节中的。无论你是一线员工、需要汇报成效的职能专员、面临新产品挑战的项目负责人，还是刚上任的管理者，都可以用这套思维框架重新审视自身角色。

- 增量思维让你不局限于当前格局，总能找出下一个增长点。
- 需求思维让你的出发点始终围绕用户（或团队成员）的真实需要，不会脱离价值本源。

- 正向反馈效应让你的每一次成功尝试都积累为长久优势，为你的职场发展循环赋能。

从"听指令"到"发现机会"，这是一条持续演进的成长之路。有了商业思维的助力，你不再只是被动的执行者，而是成为主动参与业务决策的人，在团队和组织中发挥更大的影响力。这不仅会给你带来成就感，也将为你的未来打开更多的可能性。

五、财商思维：职场人的自我保障与增值

我还记得2010年那个炎热的夏天，走出深圳坂田基地时，我手里攥着华为刚刚下发的虚拟股配置通知书，内心涌起了一股莫名的兴奋。那是我第一次获得公司配股——2万股，每股价格5元。公司说明年每股可分红1.2元，股价预计每年增长20%左右。

对彼时的我来说，这简直就是一条"躺着赚钱"的康庄大道。你可以想象，一个普通职员得到这份"额外收益"的激动心情。那天我坐在办公室的电脑前，反复查看这笔虚拟股份的具体数额，心想："我这算不算提前进入财富自由的'快车道'？"

被公司股份"吸引"的我

从那以后，每年我都会拿到2万至5万股不等的股份配额。股份攒得越来越多，我对公司的归属感也越来越强。每年年初，我都会上网查一下上一年的收益：分红总额加上股价增值，轻轻松松就能多进账几万块钱。

到2015年我离开华为时，所有股份的价值已经接近120万元，

再加上累计分红和之前出售的收益,总额超过了200万元。

这在常人看来确实是一笔可观的收入。毕竟,除去日常工作拿到的工资和奖金之外,多出来的这份"投资回报"足以在老家买一套不错的房子。更重要的是,我当时并不需要在这上面花费太多精力,只要每年点点鼠标确认配股、查收分红就好。看起来,这似乎是我"财商觉醒"的最佳证明。

但实际情况,却远没有想象中那么完美。

深圳楼市的风云

让我感到遗憾的,是自己与深圳楼市的"擦肩而过"。2008年,我离开求学8年的西安,踏上前往深圳的列车。刚到深圳那会儿,正值全球金融危机,但国内实施的"四万亿"刺激政策却为深圳带来了一个短暂的购房窗口期。很多房子的首付比例极低,有的甚至打出"0首付"的旗号。那时深圳的房价远没像后来一样"高不可攀",不少地方的房价都处在相对低位。

- 在蛇口,平均房价不过7000元/米^2。
- 在南山蔚蓝海岸,房子只要12000元/米^2。
- 部分外围区域更是低至5000元/米^2。

然而,刚从小镇出来的我,第一没有太多流动资金,第二心里始终有一道坎:"房价会不会是泡沫?"那时我听到一些经济学家频频警告"房地产泡沫很可能破灭""房价可能大跌"等。

加之自己家庭条件一般,不敢向父母伸手借钱,身边也没有成熟的理财顾问或长辈指导。我每天上下班挤地铁,看着那些在楼市里"押宝"的同事,一边羡慕,一边觉得他们是在冒险。

错失的"黄金五年"

事实证明,我的忧虑让自己失去了一个五年内"房价涨好几倍"的机会。

同事小李在2010年咬牙在蛇口买了一套二居室,当时房子的总价大概80万元,他向亲戚朋友借了10多万凑首付,然后每月自己还房贷。2015年,房子卖出时总价已经飙升到240万元,小李净赚超过了100万元。而且,他这五年住在自己的房子里,还节省了一笔不小的租房开支。

我的另一些老同事,他们四五个人合伙,凑钱买下了一套南山的老房,原是为了"上学名额"做打算。五年后,房子价格涨了两倍,其中一个人因为孩子要出国留学,卖掉了自己的份额,立刻换来了一大笔现金。

每当我坐在工位上,听到他们谈论房产价值翻倍、贷款压力逐年减轻时,就会想:**我这些年辛辛苦苦攒下的"股票红利",比起房地产这头"猛兽",未必有更多惊喜啊!**

当然,我在华为虚拟股中也得到了可观收益,但对比有房在手的同事,差距越来越明显。尤其是当孩子要上学时,发现自己在深圳无房无户,实在难以融入当地的教育资源配套。最无奈的是,我并没有太多现金去买下房子——大量资金都沉淀在公司股份里。于是我只好带着家人回到广州,重新开始事业规划。

痛点:缺乏财富意识的"单点押注"

回头想想,我并不是完全没有投资。我不过是选择了一个"看起来更稳妥"的目标——公司虚拟股。这在普通员工看来很合理:公司发展好,股价就涨,既能分红又能增值,何乐而不为?

然而，我忽视了一个重要问题：**单一投资方向的风险**。公司股份与房产、基金、股票、债券相比，也是一种相对封闭的"内部投资"，变现能力受限，且无法对冲区域性经济变动。更关键的一点是，我并没有真正理解财富配置多元化的重要性，只是一味地相信"这家企业很牛，我跟着它肯定没错"，于是将所有积蓄都放进了一个篮子里。

此外，房产在特定时间窗口也具备惊人的"杠杆效应"。很多同事购房时就利用了银行贷款的杠杆，二三十万元的首付就能撬动百万元级别的房产资源，一旦房价上涨，他们的收益就会成倍扩张。相比之下，我对于"负债"有着本能的排斥，总觉得借钱买房万一遇到经济不景气，会不会成为一笔巨额负担？没有充分预估到大城市房产的长周期保值增值特性。

《纳瓦尔宝典》与"杠杆"启示

后来，我在阅读《纳瓦尔宝典》时，了解到作者强调的三大"杠杆"的概念，对我产生了很大触动。

第一种杠杆：管理杠杆

这主要体现在创业或带团队上。通过管理他人，你能以更少的个人时间和精力，撬动更多的产出。这就如同一个技术大佬，如果他自己写代码，时间和精力终究有限，但如果他组建一支优秀的研发队伍，制定合理的目标和激励机制，整个团队的产值会远超他一个人的产出。

第二种杠杆：财务杠杆

这就是众所周知的"用钱生钱"。最常见的方式包括使用银行贷款买房、投资基金股票，或参与公司配股计划。房产之所以在过去多年里能让那么多人赚到钱，就是利用了房地产市场的长周期增长特征，再加上贷款的杠杆，一旦房价上涨，收益就被数倍放大。公司股份也算财务杠杆的一种，但它可能缺乏像房产那样的高流动性，需要你更加慎重地评估企业前景和变现渠道。

第三种杠杆：资源杠杆

当你拥有关键资源或生产资料时，就可以享受规模化带来的利润。华为所分配的虚拟股在某种程度上体现了资源杠杆，但这是建立在企业内部规则上的，一般员工无法左右它的流动性及公开交易性；而房地产则更接近普适性的资源，只要你在核心城市拥有房产，就可以享受当地经济发展的红利。

对普通职场人而言，通常先从"出售劳动力"开始，拿到相对稳定的工资和奖金。但如果仅仅止步于此，一旦公司经营出现问题，或者你在35岁以后遭遇职场变动，生活就会立刻陷入困境。相反，有财商思维的人会将所得工资或奖金的一部分拿来做投资，逐步建立财务杠杆；如果有机会创业或升任管理岗，则能获得管理杠杆；在条件成熟后，甚至可以拥有某种独特资源，实现资源杠杆。

从"无杠杆"到"多杠杆"的转变

回头看我的经历，起初我只有劳动收入，属于"无杠杆"的状态。随后，我用华为内部股份获取了部分财务杠杆收益，但这种收益显得有点儿"单打独斗"。那时的我没能认识到房产作为"通用性资源杠杆"的重要性，也没有去规划更广泛的投资组合，更谈不上创业管理或者扩大团队规模的"管理杠杆"。

如果我能在2010年之后，一方面继续稳妥地持有公司的股份，一方面选择用贷款或合伙的方式在深圳买房，也许到2015年，我就不仅仅是"120万+分红"的收获，还会有房产增值的额外红利。这样，孩子上学时我就能拥有更多选择，也不必被户籍、学区等问题束缚。

财商思维的真正意义

很多人会把"财商"简单理解为"会理财""会算账"。其实财商更大的意义在于帮你从"单点思维"走向"多维组合"。

（1）**要关注各种可能的投资与机会，**包括但不限于房产、股票、基金、公司期权、创业等。

（2）**要慎重评估风险和回报，**不要因为恐惧就放弃合理的机会，也不要盲目投入所有家当。

（3）**要具备系统的思考框架，**如纳瓦尔提到的三大杠杆，它能帮你在不同阶段思考"如何放大自己的产出和收益"。

对于绝大多数职场人来说，起步时难免要"出卖劳动力"来获得第一份薪水。然而，这并非终点。等你攒下一定量的资金时，就该思考如何配置资产、建立财富杠杆。等你具备一定的专业能力或资源背景时，就该思考能否通过合伙创业、管理团队来获取更多增值空间。

小结：为未来做好准备

当我带着家人离开深圳、回到广州时，心中曾有一丝自责：如果当时买了房子，或者再多了解一些理财知识，也许今天我会有不同的生活轨迹。可也正是这段经历，让我深刻认识到"财商思维"对一个人的重要性。

（1）**财富配置要多元**：单一押注可能会带来失衡，尤其在如今风云变幻的商业环境里。

（2）**善用外部杠杆**：贷款与合作并不可怕，只要风险可控，就能在机遇来临时放大收益。

（3）**持续学习与观察**：别忙着否定"自己不懂""手里没钱"，努力让自己接触更多行业信息、认识更多优秀的人，保持对外界趋势的敏锐度。

或许，有人会说："我没赶上深圳的楼市红利，是不是就再也没有机会了？"真相是，每一个时代都有它的"风口"。过去十年房价飞涨并不代表未来依旧如此，技术创新、数字经济、海外市场等新机遇也可能创造"下一个深圳楼市"。关键在于你能否时刻警醒、拥抱变化，用商业与财商思维去扫视周围的"潜力机会"。

如今，我仍然感激当初拿到华为虚拟股的经历，因为它让我初步尝到财务杠杆的甜头。但与此同时，也提醒我如果当时能够再多一些房产投资或其他资产配置，就能拥有更主动、更稳健的人生路线。每个人的经历无法复制，但都可以汲取经验教训，学会用多元化的方式搭建自己的财富保障体系。

结语：从劳动力到多层次杠杆

职场人的职业生涯有一个共性：年轻时拼体力和脑力，中年以后转向管理或资源整合。当体力与时间无法完全跟上时，就需要更多"被动收入"或"杠杆收益"来抵御风险、享受生活。

财商思维可让你看到更多可能：不再只依赖公司给你的一份固定工资，而是去主动配置资产、拓展人脉资源、尝试联合创业、强化管理能力等。一旦用好这套思路，你会发现人生并不只有

"被动选择",也不必"低头离开"一个城市。如果能抓住关键时间窗口,完成财富积累与事业升级,你完全可以留在自己钟爱的城市享受生活。

通过这段关于华为股份与深圳房市的真实经历,我希望能让更多人意识到:

- 提早建立财商思维,比临渴掘井要强得多。
- 拥有杠杆,才能冲破"单纯出卖劳动力换钱"的桎梏。
- 机会永远存在,关键在于你是否具备抓住它的眼光和勇气。

愿每一位读到此篇文章的职场人,都能在下一个"黄金五年"到来时,因财商思维的加持而抓住更大机遇,实现从自我保障到多维增值的华丽转变。

要实现这些转变,关键在于对财富本质的深刻理解和对时间价值的精准把握,尤其在人生有限的财富创造黄金期里,如何让时间、技能与资本相互作用、实现价值最大化,是一个必须深思的问题。

1. 理解时间、技能与资本的价值转换

你可知道,人的一生中真正用来创造财富的黄金期,往往只有22岁到55岁之间?

当我们从大学校园迈入社会的那一刻,就踏上了人生另一段征程。然而,许多人在退休前后才惊觉,自己真正能工作的时间并不算太长。

如果不能在这段黄金时期好好规划,就极有可能在年过半百时面临财务和生活的双重压力。从"草帽图"的概念来看,每个人

在职场中的收入从低到高,再从高到低,宛如一顶弧形的草帽。

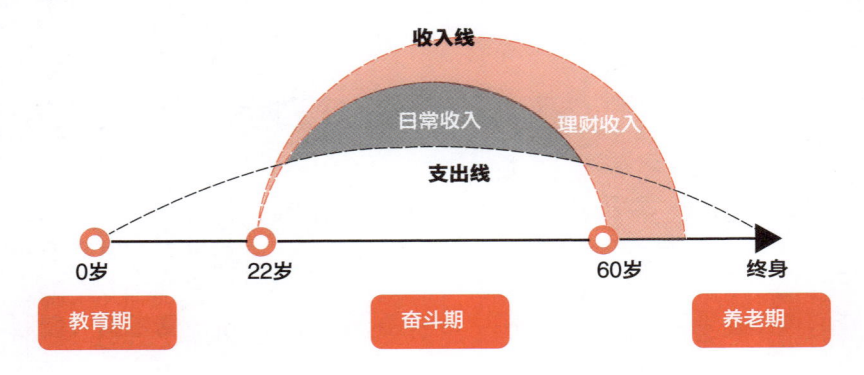

```
              收入线
        日常收入    理财收入
           支出线
    ●————————●———————————●————▶
   0岁      22岁              60岁   终身
  [教育期]   [奋斗期]          [养老期]
```

时间对每个人都是公平的,但最终积累的财富的差距却可能天差地别。这背后的关键在于:你是否懂得用有限的时间高效积累技能,并逐步转化为资本杠杆,从而实现被动收入与主动收入相结合的良性循环。

收入构成:主动 vs 被动

在正式展开"时间—技能—资本"三角模型之前,我们先来看看自己有哪些收入来源。一般来说,个人收入大致分为以下两种。

(1)主动收入

a. 薪资:这是大多数人的主要经济来源,是典型的"用时间换金钱"。

b. 奖金:基于业绩表现或项目成果,一次性得到的"奖励",但仍然需要付出额外努力去完成目标。

c. 股份分红(公司内部):如果你所在公司有类似华为的内部虚拟股或股权激励,你需要保持较高的个人绩效并持续贡献，才能获得更多股权分配。

   d. 副业收入：例如接私活、做兼职、写稿等，依然需要投入一定量的时间和精力。

（2）被动收入

   a. 投资收益：如房产租金、股票/基金红利、理财收益、商业股权的分红等，一旦你投入了资金，就能够持续获得回报，而不需要你每天投入大量时间去管理。

   b. 知识产权/版权收入：如果你拥有专利、版权、畅销书等，这些"知识资产"会在后续不断带来收益。

对大多数职场新人而言，**初期几乎只有主动收入**可依赖：薪水、奖金、副业，或者一点点公司股权激励。然而，如果你想在35岁或40岁以后依旧保持生活质量不降低，就必须尝试建立被动收入。

"草帽图"告诉我们，当人到中年时，家庭和教育支出激增，而个人精力和职场竞争力会面对各种挑战。如果没有额外的被动收入或增值渠道，你会发现生活压力越来越大。

三角模型：时间、技能与资本的渐进式转化

为了看清整个财富成长脉络，我们可以用一个"三角模型"加以总结：**时间 → 技能 → 资本**。

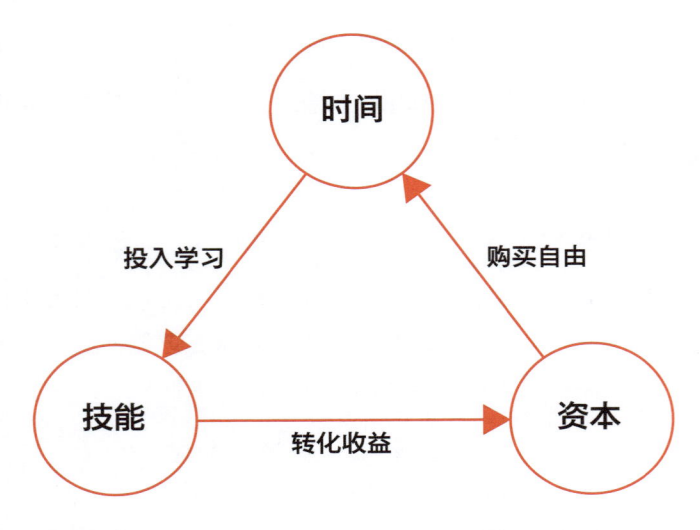

```
        时间
       ↙    ↖
  投入学习   购买自由
     ↓        ↑
    技能 —转化收益→ 资本
```

- **时间**：每个人一天都只有24小时。区别在于你如何分配这24小时，用来学习、工作还是娱乐？
- **技能**：当你投入时间学习专业知识、沉淀实践经验时，你的技能水平就会提高，能够在单位时间内创造更大价值。
- **资本**：当技能积累到一定程度后，你就可能获得更多收入、管理机会或资源。你也可以将多余资金投向房产、股市、创业等，形成资本杠杆。

下面我们以三个不同时期为例，看看这个三角模型是如何运作的。

（1）刚入职场：用时间弥补技能不足

典型年收入：15~20万元

案例：

- 小王，22岁毕业进入一家互联网公司，担任初级前端工程师。每天需要写代码、改Bug、和UI/产品人员沟通需求。他的工作在整个项目中仅是一个小环节，代码写得好写得差，对整体项目影响不大。

- 由于技能尚不成熟，小王只能用更多的时间来换取成果：加班调试、学习新框架、向资深同事请教。

- 一年下来，他的年薪可能在15~20万元之间。如果表现出色，会有少量奖金，但增幅不会太惊人。

这一阶段的关键：

- 不要贪图眼前的"快钱"。先把基础技能打牢，让自己能在今后获得更多晋升或跳槽机会。

- 尽量做好时间管理，多参加培训或线上课程，让学习和工作形成正向循环。

- 如果公司有股权激励或期权计划，可以适度关注，但别急着"孤注一掷"，因为你还需要资金做好生活保障和技能投资（如报班、买书、考证等）。

我曾有一个朋友，他大学刚毕业就进入某大型电商平台做运营助理，入职后的前三个月几乎天天加班到深夜十一二点。可因为他一直专心学习竞品分析、数据埋点等运营策略，加班虽苦却很快学到真本事。一年后，他被调到新项目组做数据驱动运营，月薪加绩效提升了50%以上。要知道，很多同届毕业生仍在"打杂"或只做基础执行工作，可见前期时间投入的复利效应之大。

（2）中期成长：效率、管理带来杠杆

典型年收入：35~60万元

案例：

- 小李，工作5年后晋升为团队经理，需要带领8人的研发团队。她不再只是自己写代码，而是负责项目排期、进度把控、团队激励。

- 同时，小李开始使用各类AI和自动化工具帮助团队提升效率，把过去需要两周才能上线的版本压缩到一周内完成。

- 因此，她的"单位时间产出"倍增，工资和奖金相应地也会出现2~3倍的提升。加上她对团队管理有贡献，公司可能会给她一些内部股权（如期权或虚拟股），进一步增加她的收入。

这一阶段的关键：

- 技能已基本成熟，进入"效率和管理"二次加速期。

- 要懂得主动追踪新技术和工具，而不是墨守成规；管理能力的提高也尤为重要，比如如何在有限的时间内带领多人并行完成多个项目。

- 如果有余力，可以尝试做副业或理财投资，但要把握好主业的核心地位，不要顾此失彼。

一位名叫Amy的产品经理，在一家教育科技公司工作了三年后，主动报名内部管理培训项目。通过培训和项目实战，她先后带领两个跨部门团队成功推出新项目，用户留存率明显提升。公司给她配了一部分期权，当产品上线半年后，市场反馈超预期，她的期权激励变现价值翻了好几倍。不到一年，她的年收入从原本的25万元升至50多万元。

（3）后期质变：拥有生产资料，用资本实现被动收入

典型年收入：60万元以上，甚至百万元

案例：

- 小张，工作15年后成为行业内的技术专家，在35岁左右攒下一笔可观的存款及公司股权。

- 他意识到：如果继续当技术总监，虽然年薪可观，但随着年龄增长，体力和创新力可能下降。如果能趁现在用资本杠杆来扩大资产规模，就能抵御未来职业危机。

- 小张将部分积蓄投入房产，用以贷（负债）换资的方式买下一套有升值潜力的房子。他将自己的经验总结成课程，售卖给想转型的程序员或技术经理，不断获得"知识付费"回报。

- 他不再只是用"时间换钱"，而是同时拥有被动收入和主动收入。一旦他想放慢工作节奏或转型，他的财务基础足以支撑。

这一阶段的关键：

- 保持核心技能的前瞻性，不要在"温水"中渐渐丧失行业话语权。

- 适时转换角色，如从雇员到顾问、讲师，或者以股东身份参与更多项目。

- 要善于管理财务杠杆，避免过度负债。并确保投资组合多元化，而不是把全部资产都押在一处。

老陈在一家外贸公司任职20余年，最初只是一名普通翻译，后来他不断学习供应链知识,成了公司国际业务线的主要负责人。不仅拿到高薪,还掌握了稳定的货源资源。五年前,他开始以低息贷款买下一个小型仓库,出租给跨境电商公司。

如今,仓库租金成了老陈的主要被动收入。他对公司事务可投入更少的时间,却依然能掌控财务和工作生活的平衡。

2. 管理职业财富:从年收入到长期资产积累

结合上述三个阶段,我们可以归纳出以下几条务实的建议。

(1)前期(22~30岁):别急着赚钱,先打牢技能基础

a. 把主要精力放在学习与实践上,快速积累行业经验。

b. 如果公司有合理的股权计划,可以适度加入,但同时保留足够资金做个人成长投资,如考证、培训、出国进修等。

c. 多认识行业前辈或优秀同龄人,建立高质量人脉圈。

(2)中期(30~40岁):用"效率和管理"升级收入

a. 通过带团队或主导项目,提升个人单位时间价值。

b. 善用技术工具(如AI、大数据分析)为自己和团队赋能。

c. 开始尝试多元收入:公司期权、理财产品、个人副业等。不过仍需保持精力集中于主业。

(3)后期(40~55岁):抓住资本杠杆,注重被动收入

a. 如果有能力,适当配置房产或参与优质企业股权。

b. 发挥多年积累的专业优势,为别人提供咨询、培训或写书,形成"经验变现"。

c. 放眼更长远的财务规划，让被动收入与主动收入协同，既保障退休后的生活质量，又可以在晚年继续进行小规模创业或投资。

Lisa姐姐的真实进阶之路

- 2008—2015年

初入华为，通过不断努力与成果积累，陆续获得管理岗位和公司分红，形成最初的"主动收入+少量股份红利"的格局。虽然工作强度高，但在这段时间里，迅速完成了"能力和资源"的双重积累。

- 2015—2020年

把手头的资金一部分投向房产，一部分投向企业股权，借着市场良好的周期性红利，大幅提高了个人资产规模。此时，房产和股权成为新的"生产资料"，带来了持续的现金流。

- 2020年至今

通过前期的资本积累开始创业，自建团队、资源整合，把影响力扩散到更广的领域。财富、事业、生活三者形成良性循环。工作不再只意味着"自己出力"，而是运用管理杠杆、资金杠杆来撬动更大的收益和影响力。

财富管理的典型案例

我刚入行，薪水少，哪有钱投资？

a. 先想办法提高技能和绩效，从而加速涨薪。

b. 按比例储蓄，哪怕一个月只存下2000元，时间长了也有相当可观的积累。

c. 关注公司内外的低门槛理财和股权激励，积少成多。

我已经30多岁了，还没成为管理者，怎么办？

a. 不一定非要走管理路线，你也可以在专业技术领域达到专家地位，成为行业内"懂行的人"，一样可以拿高薪和顾问费。

b. 如果对管理确实感兴趣，可以读MBA或报名管理培训班，争取在公司里多表现企划、协调能力。

我也想投资房产，可是房价这么高，晚了吗？

a. 每个时代都有不同的投资风口，不一定只有房产才会快速升值。

b. 可以选择二三线城市或核心商圈的小型公寓、车位等，做到"跑赢通胀"。

c. 如果房产门槛高，可以先从基金、股票、可转债等理财产品入手，把握好资金流动性。

我是40多岁才想"搞投资"，是不是来不及了？

a. 正好可以利用之前累积的经验、人脉与专业度，更从容地选择投资方向。

b. 若不熟悉资本市场，可请教专业的财务顾问，或参考业内专家的观点，但谨防"盲目跟风"。

c. 小范围分散投资，确保自己和家人基本生活无虞，这样才有余力去做更高风险或高回报的尝试。

核心建议：稳扎稳打，善用杠杆

前期：增强能力

a. 主动收入是你的"定海神针"，别忽视技能提升和行业积累。

b. 建立固定储蓄的习惯，每个月预留一部分资金作为成长基金，为后续投资或学习做准备。

中期：高效与管理

a. 不要过分依赖单一收入来源，寻找公司股权、项目分成或副业机会。

b. 学会使用AI、自动化等工具，让自己成为"效率达人"，加速工作成果倍增。

c. 如果对管理有热情，那么勇敢承担团队管理职责，为后期更大挑战做好铺垫。

后期：生产资料与资本运作

a. 尝试运用房贷、股权投资等方式，让自己的资金发挥乘数效应。

b. 经营好自己的人脉与专业口碑，可通过做顾问、做讲师、获取版权收入等方式获得长期收入。

c. 合理配置资产，多元分散风险，让被动收入在退休后也能保持稳定。

结语

纵观人的一生，**时间、技能与资本这三者紧密相连**：用时间获取技能，再用技能获得高于常人的回报，把这部分回报适度转化为资本和生产资料，最终形成被动收入，给自己创造更多人生自由度。

在这个过程中，你会发现"草帽图"并非一条被动的衰减曲线，而是一顶可以"再创造"的帽子。只要你在各阶段有所布局，积极寻找杠杆，就不会在年老时依赖"纯体力"或"运气"谋生，而是能够在更广阔的舞台上继续施展才华。

愿你在22至55岁的黄金期里稳扎稳打、循序渐进，用主动收入与被动收入双轮驱动，为人生留足空间与可能性——每多一种选择，就多一份从容与自信。

第 2 章
第二桶燃料——有价值的行业经验与岗位技能

在上一章中，我们探讨了职场人必备的底层能力，这些能力犹如内在的引擎，驱动我们走得更远。然而，仅有个人能力的积累是不够的。就像汽车需要不断补充燃料才能持续前行，我们的职业发展同样需要第二桶燃料——行业与岗位经验的积累。

这种经验不仅关乎技能的纵深发展，更与我们所选择的行业赛道息息相关。在职场的长跑中，选对赛道往往比短期内跑得快更为重要。那么，如何在众多可能中，找到真正值得投入的方向呢？

选择上升期行业，积累核心技能。

那是2008年的夏天，全球金融危机的暗影还未散去。猛然面对严峻的就业形势，校园里的毕业生或焦躁、或茫然。各大媒体都在报道欧美经济体增长乏力的状况，可与此同时，中国的GDP增速却依旧稳定在8%以上，在看似风雨飘摇的大背景中，国内呈现出一番相对明朗的景象。

基础设施建设在快速推进，内需被全面激发，城市化进程正如火如荼地展开。彼时的深圳——作为改革开放的前沿城市，已然成为青年梦想与资本热情交汇之地。

我在读研究生时的专业是物理，很多师兄师姐毕业后要么进了国企、央企，要么去了研究所、事业单位。用他们的话说："读了这么多年的书，不就是图个稳定吗？"父母和亲戚也给我"铺好路"，希望我能回老家烟草局，不仅待遇丰厚，还能享受体制保障。

然而，我总感觉自己还年轻，不想过早踏进那个"一眼望到头"的人生轨迹。

决定去华为，是我在2008年进行的第一场"冒险"。

有人劝我："华为不是民企吗？35岁就被淘汰怎么办？"我却觉得，全球经济风雨莫测，但中国GDP依然坚挺，许多科技企业也在积极开拓国际市场，对于有专业背景的年轻人来说，这或许是挤进"上升期行业"、实现弯道超车的宝贵窗口。

果然，入职后我发现，加班到深夜固然累，却也在短短几年里见证了公司营收的快速攀升、海外客户的纷至沓来，以及研发项目的密集落地。我深刻感受到了"个人的努力"在高速发展企业里被成倍放大的"杠杆效应"。

相对地，我有不少同学则选择了"稳妥"：有进水利、电力研究院的；也有去省级事业单位、国有企业的。按理说，他们于工作之初就能享受编制和津贴，似乎比民企和外企"安全"。

但是，几年后，不少事业单位面临改制或预算缩减，稳定不再，很多人想再跳槽却发现技能积累跟不上时代需求。更糟的是，他们在"低速"或"停滞不前"的环境里，很难培养出应对市场变化的灵活思维。

2010年前后,中国的经济热度进一步延续。

深圳在高新技术产业领域的总产值已连续多年保持10%以上的增速,通信、电子制造、互联网成为资本和人才的"宠儿"。华为在海外市场节节拓展,年销售额屡破纪录。这样的行业势头,让我所在的研发团队常常有出国项目或跨国合作机会。

那段时间,虽然日日加班至深夜,但带来的收获也很丰厚:更高的绩效奖金、专业与管理能力的快速成长,以及公司给的内部虚拟股和激励方案。可以说,我前几年积累的"第一桶金"就是靠着企业处于"上升期"而实现的。

与之对比,一位在事业单位工作的同学告诉我,他刚进单位时确实轻松,朝九晚五,但三年后他回头看,却发现自己在专业上几乎没有进步,工资也涨得很慢。后来又赶上行业政策收紧,他身边出现了不少被迫调岗或转编的案例。

更让他苦恼的是,一旦离开了体系内,他不知自己还能做什么。而我,每隔一年都要应对新的研发任务和市场变化,被迫学习新技术、新管理方法。我的学习状态虽然紧张,却让我在劳动过程中不断提升自身的"含金量"。

2015年,我经历了第二场跳跃:从华为离职,选择了移动互联网领域。

那时,阿里刚在纳斯达克上市,美团、滴滴、字节跳动开始快速扩张。许多企业拿到了巨额融资,用奔跑的速度去抢占市场;智能手机普及率从不到50%一口气冲到了70%以上。

各路资本都意识到,移动互联网极有可能改写原有的商业格局。当时的我已经在华为积累了不错的收入,但对通信行业的发展趋势有了更深刻的判断：智能终端和应用生态的兴起，将带来新的竞争形态和增长空间。

于是，我哪怕要接受"降薪70%"，依旧坚决地投入一家移动互联网企业，去探索4G浪潮下的用户增量与新商业模式。这一决定在外人看来"匪夷所思"：当下好好的通信设备工作不做，偏要去一家不知名的互联网创业公司，这不是"自讨苦吃"吗？

可事实证明，**我的判断再次踩中了风口**：移动互联网从2015年到2020年呈现指数级的增长，电商、短视频、在线教育、线下生活服务都开始转向线上，资本与市场争相追捧。从App产品运营、用户体验、数据分析，到线上、线下的整合营销，这些新兴技能和理念，让我在短时间内拓宽了视野，也给我带来了新的事业跃迁。

相比之下，我的一些老同学在40岁左右时，依旧在传统的体系内消磨岁月。

有人说自己"年薪30万元，早已封顶"；有人苦恼于单位的人事改革，编制被打散；还有人感慨"想去互联网试试，可自己又不懂数据分析"，进退两难。于是，当我们在同学聚会上重逢时，我在谈"用户增长""国际市场拓展"，他们却在讨论"何时退休"和"能不能保住名额"。

这种巨大的"人生落差"在我看来并非源自个人天赋差异，而是因为我在关键的节点上赌对了两个"上升期行业"，让努力得到了加倍放大的机会。

普通家庭出身的人，最有力的杠杆就是"时代红利"。

在经济依旧保持中高速增长、技术和消费不断迭代的背景下，只要抓住了对的行业，你就可能让5年的奋斗顶得上别人10年的成果。此时，"努力"不再是孤立的个人牺牲，而是与行业势能相结合，在高速变化的浪潮里积累不可替代的经验、人脉以及后续变现的路径。

当然，任何风口都有风险，不是所有企业都能成为下一个华为或阿里，有些创业公司中途会折戟。但只要大方向对，上升期行业的基数庞大，你在其中学到的技能也不会白费——这份经验可以迁移到同赛道或相关业务里，你拥有了更灵活的"再就业"能力。

这一点，恰恰是陷在衰退期行业里的人最羡慕的：他们所在领域需求萎缩，再怎么努力也难见成效。最终，他们只能在"等裁员、等退休"中度过。

还有一个误区是，很多人以为"努力就能出头"。

其实，如果你把才华和时间投注在一个停滞的环境里，就像在沙漠里耕作，付出也不一定能开花结果。上升期行业之所以宝贵，就在于它不断有新的岗位、新的项目、新的机会冒出来，给年轻人去试错和进阶。

就算第一次失败了，你也能迅速爬起，再跑进下一个风口项目里，一次次积累、历练，直到抓住真正的高光时刻。谁会在意你曾跌倒过几次？更重要的是，这个赛道足够长、足够宽，愿意容纳你的试错。

基于这些心得，我也一直鼓励读者朋友们：**如果你还在20多岁，或者即便到了30多岁，只要个人状态还不错，就要勇敢地迈进那些增速较快的领域，比如互联网、人工智能、新能源、生物医药等。**

这些领域不见得永远高速增长，但至少在相当长的一段时期里，它们远比传统夕阳行业更具潜力。踏进这样的行业，你才有机会充分释放创造力，并且伴随产业升级和资本青睐，持续收获回报。

而这一切，并不意味着你只要"跳进热门行业"就万事大吉。你还需要精研行业知识、跟踪政策动向、学习前沿技术，这样才能在机会降临时立刻胜任岗位需求。

根据国家统计局发布的2023年各行业平均工资数据，以下是部分行业的平均薪资情况：

行业名称	年平均工资（元）
信息传输、软件和信息技术服务业	231,810
金融业	197,663
科学研究和技术服务业	171,447
房地产业	114,029
制造业	98,096
批发和零售业	80,006
住宿和餐饮业	52,727

并且，选择公司也大有门道：有的公司虽然在风口上，但管理混乱、缺乏核心竞争力，最终无法做大；有的公司虽然不打广告，却在技术或资源上深耕多年，一旦爆发就能飞速破圈。懂得甄别企业成长性，对你个人发展同样至关重要。

很多人会问：如果家庭特别保守，父母反对，该怎么办？我自己的经历说明，你要先说服自己，"为什么要跳出舒适圈？为什么我更愿意搏一次？"当你能把这份决心和对行业的信心传递给家人时，他们也许一开始会强烈反对，但最后往往会看到你行动背后的逻辑与信念。

就算真的失败，你也不过是回到起点；而一旦成功，**就能与同**

龄人拉开差距，甚至改变家族命运。

所以，在这一章我想告诉每一位怀揣梦想、又被现实困住的朋友：**拥抱上升期行业，是打造长远竞争力和财富累积的"捷径"**。

这并不等同于走捷径欺骗别人，而是合乎市场规律地选择"水涨船高"的路径，让个人的天赋与努力在时代洪流中被更大程度地放大。我始终相信，对于普通人而言，这才是最有效、最可行的弯道超车方式。

请记住：抓住时代机遇，从来都不是"盲目的赌注"，而是一个可以学习和训练的方法论。

你可以通过观察政策风向、阅读行业报告、分析行业招股书、对比公司财务数据，甚至和身处其中的人多交流，去形成对产业发展曲线的全局判断；也可以通过不断提升专业技能、主动尝试新项目和新技术，来增强自己在行业中的"话语权"。

当这些条件都具备时，你就能在关键时刻做出"看似冒险，实则顺势而为"的决策，并让自己的职场生涯多几分安全垫和上升空间。

看准上升期行业，顺势而为；紧随浪潮，锻造核心技能。抓住时代机遇是门可学的艺术，唯有敢行者，方能赢得未来。

一、行业选择：站在风口还是深耕传统

很多人都会问：我到底该留在"看上去稳定"的行业里深耕，还是跳槽去那个快速崛起的"风口领域"？要回答这个问题，先要明白：**任何行业都有自己的生命周期**。它会从萌芽期到快速发展期，再到成熟期，最后走向衰退，整个周期一般持续10~15年。

接下来我将融合真实案例与方法论，帮你一站式理解行业四周期的特点、适合人群、风险收益及具体的判断技巧。**从房地产到互联网**，我们都能看到同样的兴衰轮回，但抓住机遇的人往往能乘势而上，而错失时机的人则只能在颓势中努力自保。

（一）从房地产到互联网：两个行业的兴衰轮回

1. 房地产行业：从萌芽到辉煌，再到瓶颈

房地产行业是从1998年房改政策开始至今横跨了20多年的大产业，非常有代表性：

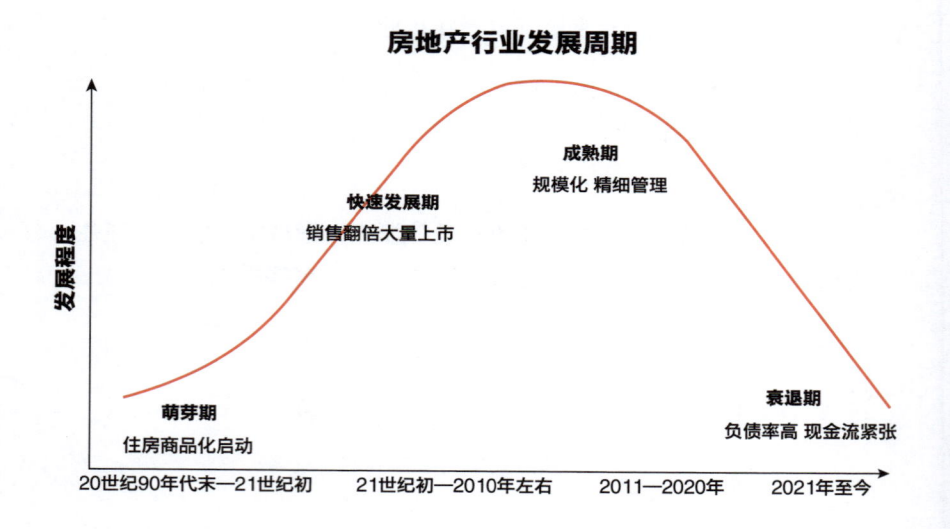

房地产行业发展周期

- 萌芽期：住房商品化启动（20世纪90年代末—21世纪初）
- 快速发展期：销售翻倍大量上市（21世纪初—2010年左右）
- 成熟期：规模化 精细管理（2011—2020年）
- 衰退期：负债率高 现金流紧张（2021年至今）

（纵轴：发展程度）

萌芽期（20世纪90年代末—21世纪初）：

- 中国开始实行"住房商品化"，城市化加速。早期房企如万科、碧桂园等，还在摸索拿地与销售的商业模式。
- 当时市场不成熟，但机会巨大。入行者几乎没有太多行业经验要求，只要肯干、能抓住拿地和融资的机会，就可能在短时间内实现财富暴增。

快速发展期（21世纪初—2010年左右）：

- 经济保持8%以上增速，大量热钱和银行贷款进入房地产。房企的销售额逐年翻倍，很多企业快速上市，员工通过项目奖金、期权一夜暴富。
- 在这段时间内，地产公司大量招募营销、工程、财务人员，只要有一定执行力，就能在行业红利中分得一杯羹。早期加入龙头房企的人，房子、车子、票子几乎不愁。

成熟期（2011—2020年）：

- 房企规模、营收达到几百亿元甚至上千亿元，市场集中度提高，万科、碧桂园等形成垄断格局。野蛮生长结束，行业转向精细化管理，人才要求更专业和对口。
- 大量职业经理人涌现，年薪不错，但收入天花板高不成、低不就。升职机会更多地依赖既有业绩和内部关系，普遍缺乏新增长点。

衰退期（2021年至今）：

- 多重调控之下，房企负债率、现金流问题频发，卖房难度加剧，市值缩水严重。有人发现公司频繁裁员、业务收缩，难以看到回暖迹象。

- 虽然龙头房企依旧存在，但调薪、冻编、紧缩开支已是常态。对于想要"弯道超车"的人来说，此刻进入房地产行业几乎很难再有爆发式的回报。

体会：

在房地产快速发展期加入的大批普通人，当年只要肯努力、拿盘快、卖房多，就能迅速积累财富甚至公司期权。可一旦到了衰退期，连老牌房企也出现"发不出工资""现金流紧张"的传闻，昔日的辉煌不再。可见，如果你在对的时间进入对的行业，可能三五年就能实现人生跃迁；而一旦行业走到瓶颈，几乎很难挽回下行颓势。

2. 互联网行业：风口上的"黄金十年"

互联网行业从网易、hao123、新浪、雅虎、QQ等PC互联网产品到美团、滴滴、抖音的移动互联网时代，再到现在的豆包、Kimi、DeepSeek等AI产品横跨了整整25年。

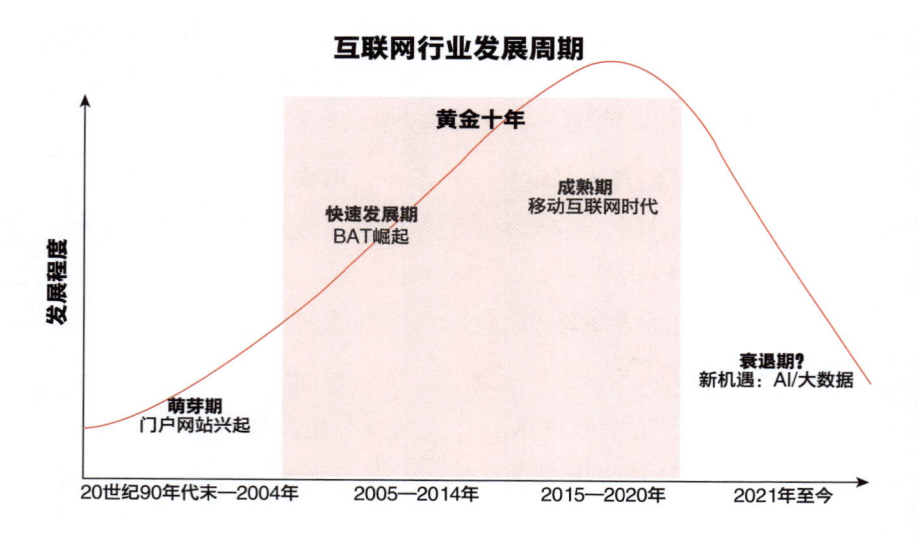

互联网行业发展周期

20世纪90年代末—2004年	萌芽期：门户网站兴起
2005—2014年	快速发展期：BAT崛起（黄金十年）
2015—2020年	成熟期：移动互联网时代（黄金十年）
2021年至今	衰退期？新机遇：AI/大数据

萌芽期（20世纪90年代末—2004年）：

- 个人电脑和拨号上网逐渐普及，新浪、网易、搜狐等门户网站面世，但大多数公司都在"烧钱找模式"，生存环境不稳定。

- 对人才的要求更多的是"能解决眼前问题就行"，有胆识、有一定技术或运营能力的人就能被企业吸纳。但风险很大：谁也不知道哪家网站会在泡沫破裂时倒下。

快速发展期（2005—2014年）：

- 宽带网络、PC普及率猛增，电商、社交、搜索、网络游戏等细分领域井喷式爆发，资本疯狂涌入。BAT（三巨头）迅速崛起，市值不断攀升，360、京东等独角兽轮番上市。

- 对职场人而言，这是最佳的"上车"时机。只要业务能力在线、能跟上企业高速成长，就能享受股票期权、年终分红的福利。早期加入阿里、腾讯的员工，往往几年内就身家百万、千万元。"人人都在创业，人人都想上市"成为时代主旋律。

成熟期（2015—2020年）：

- 移动互联网接棒PC互联网，4G和智能手机的普及让社交、电商、内容平台全面升级。阿里、腾讯市值直奔数千亿美元，美团、滴滴、字节等新巨头在行业中越来越不可撼动。

- 这时企业的组织架构庞大，管理层次复杂，对人才经验和专业度要求更高。新员工不再能"一飞冲天"，但公司仍在扩张，大量岗位给人带来稳定且较高的工资。

衰退期?（2021年至今）：

- 一些领域（如单纯的流量广告、简单的共享模式）开始增量见顶，资本热度退却。企业市值大幅缩水，市场同质化加剧，频现裁员潮。
- 不少"中年程序员"开始焦虑不安，互联网不再是人人向往的"黄金乐园"，需要寻找下一个新兴机会，如AI、大数据、云计算等垂直领域。

体会：

在互联网的快速发展期加入字节跳动、拼多多等公司的人，哪怕起点不高，也能在公司IPO（Initial Public Offering，首次公开募股）或业务爆炸性增长中"身家暴涨"。但当行业红利逐渐消失，内卷、裁员成为常态，你再有能力也难获超额增长。"时代风口"一去不返，错过就只能另寻出路。

（二）行业周期四阶段：如何看清机会与陷阱

所以，每个行业都会经历相同的四个阶段，萌芽期、快速发展期、成熟期和衰退期，这四个阶段不可逾越，我们要尊重规律。

1. 萌芽期：不确定性最高，冒险者的乐园

- **企业特征**：技术或模式刚面世，急需开荒团队；资金相对紧张，生死未卜。
- **人才策略**：公司更看重灵活度和学习力，而非传统行业经验。
- **风险**：九成初创企业逃不过"前三年死亡"魔咒；你投入时间精力，可能颗粒无收。
- **适合人群**：极具冒险精神，想搏一次"起点低、上限高"的人生翻盘。若成功，个人地位、财富可能急剧升值；若失败，也能尽早转型。

行业生命周期

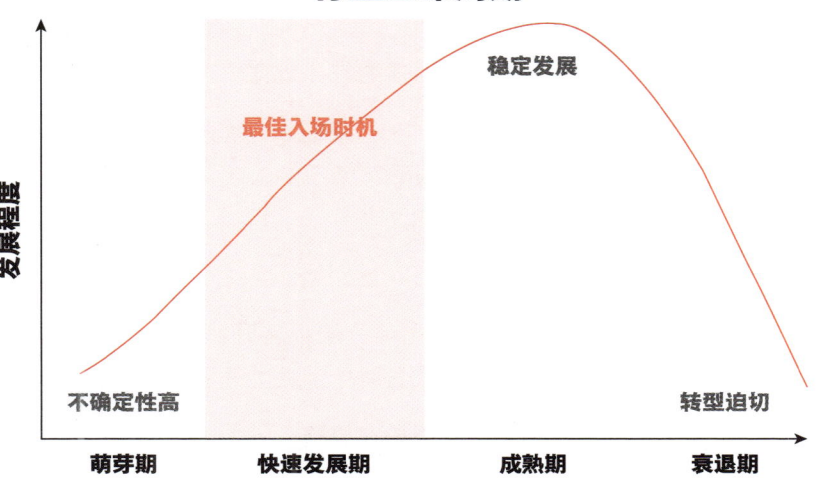

纵轴：发展程度
横轴：萌芽期、快速发展期、成熟期、衰退期

- 萌芽期：不确定性高
- 快速发展期：最佳入场时机
- 成熟期：稳定发展
- 衰退期：转型迫切

2. 快速发展期：最佳入场时机

- **企业特征**：市场已初步验证，可实现5～10倍增长，资本竞相追捧，独角兽频现。

- **人才策略**：需要掌握一定技术或运营能力，愿意跟上公司高速扩张节奏；不要求资历多深，却需要适应环境快速迭代。

- **回报**：薪资翻倍、期权上市、多元晋升通道都可能出现。

- **典型案例**：早期进入拼多多、字节跳动、京东的员工，在数年后普遍获得极大收益，许多普通人实现财务自由。

- **适合人群**：想追求"高风险+高回报"，愿意忍受拼命加班或内部竞争的人，只要拿到公司核心期权或业绩奖金，回报极为可观。

3. 成熟期：格局稳定，大公司维护市场优势

- **企业特征**：龙头企业市值、营收双高，行业标准化、集中度高；市场增量有限，更多的是存量竞争。
- **人才策略**：注重对口经验、流程管理能力，创新性要求低；惯性大，更倾向于成熟框架下的人才"拼效率"。
- **回报**：收入相对稳定，股权分红空间有限，但能提供较安全的发展环境及职业规划。
- **适合人群**：偏好大平台光环、层级晋升明确，希望积累人脉或享受成熟制度，追求长期稳定胜过激进增长的人。

4. 衰退期：内卷加剧，转型迫在眉睫

- **企业特征**：市场空间停滞或萎缩，头部企业市值大跌，普遍裁员或缩编，产品同质化严重。
- **人才策略**：更多聚焦成本控制、经营指标，缺乏成长空间；内部竞争激烈，机会极少。
- **风险**：个人发展几乎陷入停滞，职业生涯缺少成就感，更大的问题是失业风险飙升。
- **适合人群**：已有深厚行业积淀或特殊资源的人，也许还能暂时维系。但长期来看，必须规划出路。

（三）如何判断行业正处在哪个阶段

与其凭感觉，不如掌握一些实用的判断方法，来分析当前行业所处的发展周期。

1. 行业是否进入衰退期四问法

在判断一个行业是否值得投入时,我们可以用一个简单而有效的"衰退期四问法"来评估其健康程度,这些信号往往能帮我们避开即将下坡的赛道:

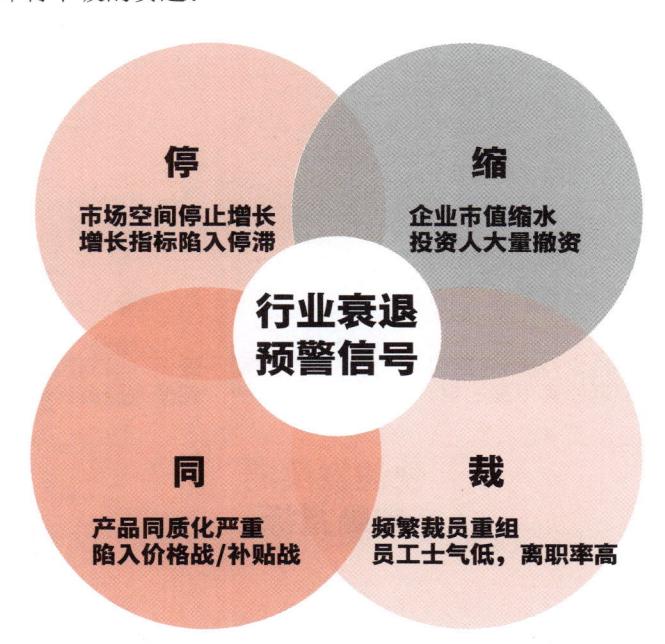

```
       停                    缩
   市场空间停止增长        企业市值缩水
   增长指标陷入停滞        投资人大量撤资

            行业衰退
            预警信号

       同                    裁
   产品同质化严重        频繁裁员重组
   陷入价格战/补贴战     员工士气低,离职率高
```

- **停**:市场空间停止增长,无明显新增需求,销售和用户增长指标陷入停滞或倒退。
- **缩**:头部企业市值缩水,财务状况糟糕,负债率高、净利润下滑;投资人大量撤资。
- **同**:产品同质化严重,企业很难通过创新破局,更多的企业陷入"价格战"/"补贴战"。
- **裁**:行业频繁传出裁员、重组甚至破产的消息。员工内部士气低,离职率高。

如果以上四要素基本符合,建议谨慎入行,或为转型留好后路。

2. 行业是否处于快速发展期四看法

相对于识别衰退行业,更为重要的是我们要善于发现那些正处于加速上升期的赛道,以下"快速发展期四看法"可以帮你捕捉这些充满机遇的领域:

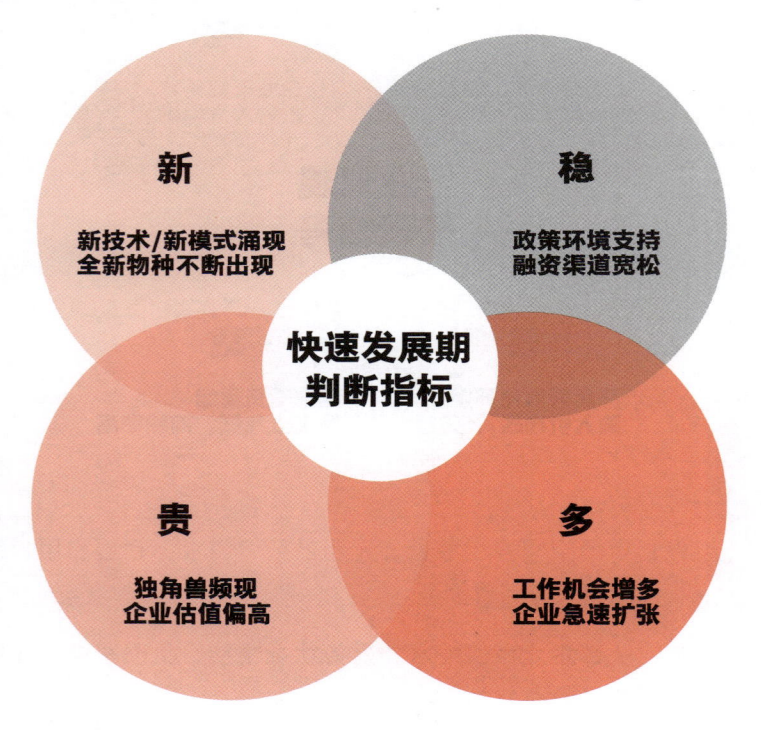

新
新技术/新模式涌现
全新物种不断出现

稳
政策环境支持
融资渠道宽松

快速发展期判断指标

贵
独角兽频现
企业估值偏高

多
工作机会增多
企业急速扩张

- **新**:新技术或新商业模式大量涌现,与传统模式形成明显区隔,市场中不断冒出"全新物种"。
- **稳**:国家政策环境支持或倡导,融资渠道宽松,整体环境比较友好,资本相信其长期价值。

- **贵**：独角兽企业频繁出现，企业估值偏高，说明投资人愿意花大钱抢先卡位。
- **多**：工作机会增多，企业急速扩张，急需大量技术、产品、运营、市场等岗位人员。

满足这四个条件，就意味着行业大概率从萌芽期步入快速发展期，个人在此时跳进去能搭上"顺风车"。

（四）如何做出更好的决定

让我们来看看，若有人在2014—2015年选择从房地产公司跳槽到移动互联网公司，会发生什么。

- **当时的房地产：**
  - 市场开始告别"黄金十年"，仍有利润空间，但增速放缓；公司更在意拿地和快速回款，利润率逐渐被地价和调控侵蚀。
  - 员工奖金和晋升机会相对减少，行业创新点不多，内卷正在升温。

- **当时的互联网：**
  - 移动浪潮爆发，4G普及加快，App产品、O2O项目遍地开花。
  - 阿里上市，美团、滴滴、字节跳动都在融巨额资金，估值水涨船高，急需人才支撑业务扩张。
  - "新、稳、贵、多"的特征非常明显。

因此，对于一个在房地产做了几年营销工作、手握一定资源的从业者，如果他能及时切换到移动互联网，比如加入一家新兴

O2O平台，往往能收获企业高速增长的红利。**尽管初期薪酬可能不如房地产周期顶峰时那么高，但若公司后期上市或市值上涨，期权回报可能远超之前的房地产业年薪。**

事实上，很多人正是在这一轮大浪潮中跳出"渐冻"的行业，进入风口赛道，从而大大提升自己的成长速度和财富积累。回头看，他们之所以"赌对"，并非纯靠运气，而是通过对宏观政策、资本流向的判断，以及对企业具体业务的调研，最终确认行业确实处于"快速发展期"。

（五）写给追逐风口的你：留意风险，也别忘磨炼内功

1. **抓住风口不等于闭眼冲**

- 哪怕行业整体在高速扩张，也有很多创业公司乱烧钱，内部管理混乱，最后"断粮"倒闭。
- 要做好企业资质调查、创始团队背景分析，看清是否拥有真实业务和可持续盈利模式。

2. **厚积薄发：切勿过度迷信"风口保人"**

- 快速发展期固然容易造就"打工富翁"，但若你自身能力不足、执行不给力，也可能遭到淘汰。
- 一旦公司奔跑速度极快，你无法跟上，也会被"风口"抛在后面。

3. **警惕衰退行业的"高薪陷阱"**

- 某些处于衰退期的公司，可能会用短期高薪招人来解决燃眉之急，但盈利前景堪忧，续航能力不强。
- 你拿到高薪，未必能熬过半年裁员大潮，或许一朝失业再

难回到正轨。

4. **始终培养通用技能与跨领域视野**

- 不管在哪个阶段、何种行业,掌握数据分析、项目管理、团队沟通、快速学习等能力,都能让你在不同赛道间自由切换。
- 行业周期无常,当你嗅到下行苗头时,有通用技能作支撑,就能更快转向新兴领域。

结语

从**房地产**的黄金岁月到后来的衰落,再到**互联网**的峰值爆发和今日的内卷、裁员,我们一次次见证了"行业周期"的神奇威力:当它向上时,怀揣梦想者搭上顺风车;当它回落时,再强的个人都难以挽回整条赛道的沉沦。

幸好,行业周期并非完全不可预测。学会从案例中提炼"停、缩、同、裁"识别衰退,谨记"新、稳、贵、多"探寻爆发契机,再结合自身特质和阶段需求,你便能在最恰当的时间切入或退出,真正让个人努力与时代机遇相称。

选择什么行业,往往决定你'努力一倍'还是'努力十倍';你用系统的方法读懂产业周期,就能在转折点上做对决定,让努力不被辜负。

(六)科技行业六大新兴赛道:新能源、AI、低空经济、跨境电商、SaaS、半导体

在全球新一轮科技革命与产业升级的浪潮中,许多新兴领域正展现出令人瞩目的增长潜力。从技术与商业模式创新、政策支

持及资本青睐、岗位机会这几个维度来分析，**新能源、AI（人工智能）、低空经济、跨境电商、企业服务SaaS、半导体**堪称六大"黄金赛道"。

1. 新能源

（1）行业定义与代表企业

包括新能源汽车及其上下游（动力电池、车载芯片、电控系统、整车制造、充换电网络），同时涵盖储能、氢能等细分市场。**代表企业如下。**

- **比亚迪（BYD）**：整车制造、电池技术、储能方案多线布局。

- **宁德时代（CATL）**：动力电池领域领军者，为国内外车企和储能项目提供核心电池产品。

（2）"新、稳、贵、多"驱动力

- **新**：固态电池、氢燃料电池、智能座舱等前沿技术不断出现，上游创业公司层出不穷。

- **稳**："双碳"目标、政府补贴、免购置税等政策大力支持，产业链上下游均受益。

- **贵**：宁德时代、比亚迪等市值均步步登高，储能和氢能新秀在科创板表现亮眼，资本对其前景高度期待。

- **多**：企业在技术研发、供应链管理、国际市场拓展等方面加速扩张，衍生出海量岗位需求（电池工程师、氢能燃料电池工程师、整车电子电控等）。

（3）行业阶段与五年机会

新能源车整车及动力电池主线正由**快速发展期**过渡到**初步成熟**，但储能、氢能仍处于**萌芽–爆发临界点**。未来五年的发展态势如下。

- 乘用车渗透率稳增，更多商用车、卡车、船舶电动化。
- 氢能在物流重卡、港口机械等场景试点落地。
- 储能应用（家庭、社区电池系统、虚拟电厂）规模上升。

（4）岗位机遇

电池材料研发、BMS开发、氢燃料电池系统、储能技术方案、海外市场业务开拓。

2. AI

（1）行业定义与代表企业

AI包含AIGC（生成式AI）、行业AI解决方案、智能硬件（机器人、自动驾驶系统）等。大模型与深度学习技术让AI从概念走向规模化应用。**代表企业如下。**

- 深度求索（DeepSeek）：专注于大模型研发与应用，推出多个开源模型与商业解决方案。
- 上海稀宇科技（MiniMax）：专注于大模型技术研发，推出可定制的AI对话与创作产品。
- 智谱清言（ChatGLM）：知识增强型大语言模型，提供AI对话、知识问答与内容创作服务。

(2)"新、稳、贵、多"驱动力

- **新**:大模型、AIGC、AI机器人更新迅猛;各行业都在探索如何利用AI升级业务模式。
- **稳**:政府支持数字经济,各地设立AI产业园;数字化转型需求为AI赋能提供稳定市场。
- **贵**:OpenAI、商汤、旷视、依图等AI企业获得高估值;资本竞逐基础大模型、AI芯片创业项目。
- **多**:算法工程师、AI产品经理、AI运营、数据标注与治理等岗位持续新增,各行各业都在招聘AI相关人才。

(3)行业阶段与五年机会

整体处于**快速发展期**,且AIGC、AI芯片仍在**萌芽–爆发**临界。**未来五年的发展态势如下。**

- 生成式AI加速内容创作、客服、文档处理的普及。
- 自动驾驶、AI医疗、AI教育等场景迎来规模化落地浪潮。

(4)岗位机遇

AI算法(NLP、CV、推荐系统)、AI产品管理、AI训练师、AI数据治理、行业AI解决方案专家、国际化/跨境业务拓展等。

3. 低空经济

(1)行业定义与代表企业

无人机及其相关上下游,包括飞行控制系统、零部件制造、行业应用(农业植保、测绘、安防、物流等),以及载人飞行器所代表的城市空中出行。**代表企业如下。**

- **大疆创新（DJI）**：全球无人机巨头，从消费级到专业级、工业级无人机全面开花。
- **亿航智能（EHang）**：专注自动驾驶飞行器的载人和物流，探索城市空中交通。

（2）"新、稳、贵、多"驱动力

- **新**：从航拍到农业植保、从物流到载人飞行器，不断出现全新应用场景。
- **稳**：国内在无人机技术储备上领先，军民融合与监管逐步放宽，提供发展底气。
- **贵**：大疆等独角兽估值超千亿元，多家载人无人机创业公司获得巨额融资，资本青睐明显。
- **多**：无人机硬件研发、飞控算法、行业应用解决方案、出海市场拓展等岗位迅速增加。

（3）行业阶段与五年机会

低空经济整体由**萌芽期**向**快速发展期**过渡，消费级无人机相对成熟，但城市空中交通尚处于早期探索阶段。**未来五年的发展态势如下。**

- 商用无人机在物流、安防、农业、建筑巡检等场景进一步爆发。
- 载人自动驾驶飞行器若在安全与政策端迎来突破，或将成为城市交通新蓝海。

（4）岗位机遇

飞控算法工程师、结构设计师、无人机解决方案工程师、无人机大客户销售顾问、无人机数据平台研发、无人机物流运营、低空管制系统与安全合规管理等。

4. 跨境电商

（1）行业定义与代表企业

指跨境电商平台（B2C、D2C、B2B）及相关下游服务企业，包括跨境物流、支付、海外仓、品牌营销等生态，是全球化与数字贸易兴起下的重要商业模式。**代表企业如下。**

- **SHEIN**：快时尚跨境电商，柔性供应链与极致成本优势席卷海外年轻消费市场。
- **安克创新（Anker）**：3C数码跨境品牌典范，由亚马逊平台兴起并成功拓展全球多渠道。

（2）"新、稳、贵、多"驱动力

- **新**：直播带货出海、D2C模式在海外市场方兴未艾，供应链数字化改造翻新传统外贸模式。
- **稳**：国家层面支持跨境电商综试区、出口税费优惠，加之全球经济复苏使得海外需求保持一定水平。
- **贵**：SHEIN、PatPat等跨境电商新秀在多轮融资中获得高估值；资本依旧看好新兴市场消费潜力。
- **多**：大量岗位涌现于跨境运营、海外市场推广、供应链优化、海外客服、支付/物流解决方案等环节。

（3）产业阶段与五年机会

整体产业仍在**快速发展期**后半程，竞争加剧且增速可能放缓，但新兴地区（东南亚、中东、非洲）仍具备增量空间。**未来五年的发展态势如下。**

- 出海方向由欧美成熟市场向新兴地区深入布局。
- 跨境品牌化趋势加强，中国制造出海与当地电商平台合作加深。
- 供应链与本地化营销成为核心竞争力。

（4）岗位机遇

跨境市场运营、供应链管理、品牌营销、海外本地客服、跨境金融支付、出海BD等。

5. 企业服务SaaS

（1）行业定义与代表企业

企业服务SaaS通过云端方式为客户提供财税、HR、CRM、ERP等通用服务，以及电商、教育、医疗、建筑等垂直行业的定制化工具。**代表企业如下。**

- **金蝶（Kingdee）**：从传统财务软件升级云端SaaS，为中小企业提供一体化管理方案。
- **Salesforce（海外）**：CRM领域的头部玩家，也拓展营销、数据分析、协同办公等多方面云服务。

(2)"新、稳、贵、多"驱动力

- **新**：AI技术融合到SaaS产品中，实现自动化审批、智能客服、财务RPA等新应用。
- **稳**：疫情加速线上办公和数字化转型，政府和企业都重视云计算基础建设。
- **贵**：云服务企业在国际资本市场广受追捧，国内SaaS公司逐步在科创板或港股上市，估值不菲。
- **多**：随着企业云化推进，SaaS厂商需要产品经理、售前顾问、客户成功经理等大量人才，细分行业SaaS更需要具备行业背景的专业人员。

(3)产业阶段与五年机会

大体处于**快速发展期**，头部通用型SaaS企业正趋近**成熟**，但行业垂直领域依然在大力生长。**未来五年的发展态势如下。**

- 产业数字化、远程办公需求持续，AI+SaaS成为主要增长点。
- 行业垂直SaaS（医疗、建筑、跨境物流等）或在实践中迭代出大规模市场空间。
- 大公司并购整合小型SaaS成为趋势，形成更完整的生态链。

(4)岗位机遇

SaaS产品经理、行业售前顾问、技术支持、客户成功经理（CSM）、API集成工程师等。

6. 半导体

（1）行业定义与代表企业

涵盖芯片设计、研发、生产、封装测试及相关EDA软件、制造设备等。在中美科技竞争背景下，半导体供应链自主可控成为重点。**代表企业如下。**

- **华虹半导体**：国内晶圆制造主要力量之一，不断提升制程工艺水平。
- **寒武纪（Cambricon）**：AI芯片设计新秀，专注深度学习处理器研发。

（2）"新、稳、贵、多"驱动力

- **新**：先进制程、AI专用芯片、RISC-V开源架构、国产替代等领域涌现新理念、新玩家。
- **稳**：国家专项资金和政策扶持"卡脖子"环节，地方政府也积极建设芯片产业园。
- **贵**：芯片设计公司、EDA厂商、制造设备企业在A股、科创板大受追捧，估值明显高于传统制造业。
- **多**：从研发到工艺，从供应链到市场，各环节对专业人才都有极大需求；封装测试、工艺制程、研发管理等岗位缺口较大。

（3）产业阶段与五年机会

半导体在技术端已进入**成熟期**（海外如台积电、英特尔等非常成熟），但在自主创新和前沿研发上，又处于**快速爬升阶段**。未来五年的发展态势如下。

- 自主可控需求高涨,自主创新从EDA软件到先进封装都在全面推进。
- AI芯片、车规级芯片、物联网芯片是新的增长点。
- 中美博弈或带来关键供应链变局,也会在国内催生更多技术"破冰"。

(4)岗位机遇

芯片设计工程师、工艺工程师、EDA开发、封装测试、供应链管理、光刻机及设备维护等。

结语

新能源、AI、低空经济、跨境电商、企业服务SaaS、半导体,这六大赛道各自拥有鲜明的技术特色和商业模式,却同样彰显出"新、稳、贵、多"的黄金特质。

- **新**:伴随新技术、新商业形态大量涌现,前景远比传统行业更具想象力。
- **稳**:各类政策、资本支持提供了相对友好的外部环境。
- **贵**:独角兽企业估值高,融资活跃,资本愿意抢位。
- **多**:技术、产品、运营、市场、国际化等岗位需求飙升,给职场人提供多样化的选择路径。

从产业生命周期角度看,它们大多处于**萌芽–快速发展**的关键期,或在部分细分领域进入相对成熟却仍具增长潜力的阶段。未来五年,将是这些赛道向更高规模、更高价值延伸的黄金阶段,能否在此时把握机遇,对于个人职业发展乃至财富积累都有巨大影响。

拥抱新兴黄金赛道，不只是一场择业选择，更是一次与时代趋势同频共振的冒险。当科技浪潮涌来，唯有勇敢投入、深度学习，才能真正踏上巅峰之路。

二、评估行业成长性与个人适配性的模型

当我们想要跳槽或转行到新兴赛道时，常常面临一个关键问题："**我之前学的、做的，真的能在这个新行业里发挥价值吗？**"针对这一疑问，本章节提供一个"行业—个人"双向评估模型，帮助你从**行业窗口期**与**个人可迁移指数**两大层面系统地进行判断，从而理性做出决策，降低盲目跟风的风险。

（一）行业与个人的"适配性模型"

1. 行业窗口期评估

根据前文"行业周期四阶段"（萌芽期、快速发展期、成熟期、衰退期），我们可以简单归纳出对"转行者"最友好的窗口期——**快速发展期**。

（1）**萌芽期**：往往岗位数量有限，技术方向尚不清晰，企业存活率低。不建议一般职场人贸然闯入，除非你对其有高度的信仰与冒险精神。

（2）**快速发展期**：市场需求旺盛，企业急需大规模招聘，从而给予跨界新人更多机会。快速发展期也是短期内实现高薪与升职的黄金时段。

（3）**成熟期**：格局稳固，行业进入高门槛精细化竞争，**新入**

行者必须具备"对口资历"才能快速上手，否则难以立足。

（4）**衰退期**：需求收缩，企业裁员或紧缩编制。不建议再进入，除非你已有极深的专业与人脉积累。

如果你想跨行业发展，"快速发展期"是最佳窗口；成熟期门槛较高，对于新人，几乎只收"对口精英"；萌芽期和衰退期均不适合大多数职场人。

2. 个人可迁移指数：核心技能、项目经验、底层能力

当我们确定一个有潜力的行业处于"快速发展期"或"萌芽后期"时，还要问自己：**"我能否快速适配这个行业？"**

这里提供三个维度，并给出"可迁移指数（星级）"的判断方式。

（1）核心技能

- 这是你在过往岗位上最直接、可量化的技能。例如：软件开发、数据分析、销售谈判、文案策划、供应链管理等。
- 如果你要转至新能源的售前工程岗位，那么你原先在建筑施工中掌握的工程技术原理、AutoCAD、项目协调等，就能够部分迁移。

（2）相关项目经验

- 指你是否在过去工作或实习中，实际参与过与目标行业"相似场景"的项目。
- 例如，想从互联网B端产品经理转到AI行业，如果你之前做过数据产品或算法推荐产品，那么就有可对接的项目经验，能在新岗位快速上手。

（3）底层能力

- 更通用的职场能力，如沟通表达、团队协作、复杂问题处理、快速学习力、方案策划、语言能力等。
- 一些岗位对"硬技能"要求不高，但特别重视你的思维模式、表达能力和对新行业的学习速度。这时，如果你有突出的逻辑思维或市场营销潜能，就能抓住机会。

可迁移指数计算方法如下。

- **三个维度都适配**：可迁移指数＝5星（高可行性）
- **两个维度适配**：可迁移指数＝3星（中可行性）
- **一个维度适配**：可迁移指数＝1星（低可行性）

如果你遇到某一行业的窗口期，并且可迁移指数也较高，就表示你成功转行的概率相对可观；反之，如果你发现行业窗口期已过，或者自身只有1星可迁移指数，就需要更谨慎地评估。

3. 典型案例

案例1：房地产施工技术员 → 储能售前解决方案工程师

行业窗口期：储能领域尚处在快速发展前期，大量项目落地急需售前支持和项目经理，属于**高需求**阶段。

个人可迁移指数如下。

- **核心技能**：懂工程、能读图纸、对能源系统有基础认知（或能快速学习）。
- **项目经验**：在房地产施工时曾做过项目协调，熟悉项目进度、预算管理等流程。

- 底层能力：沟通表达和处理复杂问题的能力强，可以与客户、技术团队对接。

- 三个维度都适配，对新行业"电力+工程"结合点有认知，**可迁移指数 = 5星**。

转行成功要点：储能售前需要既能理解技术，又能和客户沟通的"复合型"人才，而该技术员在项目管理和沟通协作上具备优势。行业正处于快速扩张期，企业急需多元背景的人才，不会苛求"行业资历"。

案例2：B端互联网产品经理 → AI产品经理

行业窗口期：AI行业当下正处于快速发展期，特别是AIGC、AI解决方案落地增速惊人，对人才的包容度较高。

个人可迁移指数如下。

- 核心技能：产品架构、需求分析、与研发对接等B端产品技能可迁移到AI场景。

- 项目经验：之前做过企业数据或算法推荐项目，更易转向AI产品。

- 底层能力：学习快、数据思维强。

- 三个维度中，至少"核心技能+数据经验+快速学习"匹配，**可迁移指数 = 5星**。

转行成功要点：AI企业看中其数据思维与B端产品经验，愿意培养其对AI算法与行业应用的更深理解。

案例3：应届生（土木专业）→ 低空经济市场营销

行业窗口期：低空经济处于萌芽到快速发展过渡期，市场和推广岗位需求大。

个人可迁移指数如下。

- 核心技能：本专业几乎不具备对口的任何技能，但只要公司对专业背景要求不高则无碍。
- 项目经验：无明显无人机或航空项目经验，可能缺少直接链接。
- 底层能力：善于写作和营销策划，沟通能力出众。
- 仅"底层能力"强，另两项无关或较弱，**可迁移指数 = 1 星**。

转行成功要点：虽然专业不匹配，但企业处于招人拼速度阶段，市场营销岗位更关注潜力、表达、创意。

行业窗口期的"岗位急招"，让企业愿意给新人试错机会，应届生就有可能通过面试展现策划与沟通能力胜出。

（二）量表打分与可行性指标

这里提供一个简单的打分量表。你可以针对自己目前的核心技能、项目经验、底层能力分别进行评估，并结合行业所处的窗口期，来判断"转行成功可能性"的高低。

1. 行业窗口期自评

行业窗口期自评表

评估维度	评分标准
行业阶段	a.快速发展期(5分)
	b.成熟期(2分)
	c.萌芽期或衰退期(1分)

续表

评估维度	评分标准
人才需求热度	a.大规模扩张、招聘量巨大(5分)
	b.增长放缓、精准招人(2分)
	c.不再扩张或大量裁员(1分)
准入门槛	a.欢迎跨界新人(5分)
	b.要求对口经验(2分)
	c.要求极高或内部消化(1分)

- 12~15分：非常适合入场
- 6~11分：需要谨慎评估
- ≤5分：不建议轻易跨行

2. 个人可迁移指数量表

请针对如下三个维度做"是/否"判断。

- **核心技能**：有较强可转用的硬技能（如编程、数据分析、销售谈判、项目管理）？是：1分；否：0分。

- **相关项目经验**：有过与目标行业类似场景的实践或知识储备？是：1分；否：0分。

- **底层能力**：你的学习能力、沟通表达或逻辑思维能快速适配新领域？是：1分；否：0分。

个人可迁移指数计算：

- 3分 → 5星（高可行性）

- 2分 → 3星（中可行性）

- 1分 → 1星（低可行性）

- 0分 → 不建议跨行（需先提升自身能力再尝试）

3. 转行可行性综合评分

可将**行业窗口期得分+个人可迁移指数得分**做一个综合考量，得到"转行可行性分值"：

- **行业窗口期得分**（最高15分）
- **个人可迁移指数星级**（转换：5星=5分、3星=3分、1星=1分）

举例：

- 行业窗口期评估 = 12分（快速发展期，需求旺盛，门槛低）
- 个人可迁移指数 = 3星（3分）
- **综合 = 12 + 3 = 15分 → 十分值得尝试**

如果综合分在**10分以上**，表示有较大成功率；6~9分属于"有机会，但需进一步补充技能"；5分以下则要非常谨慎或暂缓行动。

结语

在选择行业与岗位时，既要看**行业窗口期**是否有足够的"招聘窗口"和"成长空间"，也要评估自身的**可迁移指数**。二者"相乘"才决定你跨界转行的成功概率。

通过这个简明的量表打分，你可以更清晰地找到痛点或差距。若得分偏低，则可以先强化相关技能或积累项目经验，待下一个窗口期到来时，全力投入。

行业窗口期是顺势而为的契机，个人可迁移指数则是自我准备的底气。两者合一时，转行才能水到渠成，开启全新的成长航程。

三、岗位经验的积累：如何成为稀缺型人才

我还记得那天下午，来找我做职业咨询的是个叫小刘的女生。她穿着朴素的T恤和牛仔裤，略显疲惫。

刚坐下，她就迫不及待地向我倾诉："我在深圳一家中型互联网公司做软件测试，已经工作三年，绩效评价一直不错，可月薪只停留在一万元上下。前段时间鼓起勇气向主管提出涨薪，却被一句'市场价就这么多，不愿做还有人补位'堵了回来。"

谈到这里，小刘的声音里透着不甘心。她说，自己离职后满怀信心地去求职，觉得至少能找到一份月薪两万元的工作，可没想到各家公司给出的薪酬依旧只有一万元多一点。她不明白，明明勤奋努力、技能扎实，为何市场却不买账？她很疑惑也很无奈，甚至有些自我怀疑。

我看着她有些落寞的表情，想起之前接触过的许多案例——他们大多是认真上进、技术不差的职场人，却常常被卡在薪资瓶颈，难以突破。

我对她说："或许，你还不了解'岗位稀缺性'在职场博弈中的地位。要想薪资上限更高，仅仅靠勤奋是不够的。"小刘听后眼里闪过一丝狐疑与期待，似乎想知道更多。于是，我先跟她聊起了一个常用的"职业发展三叶草模型"，用来分析个人与岗位、企业之间的匹配度。

（一）我常用的"职业发展三叶草模型"

很多人像小刘一样，单纯地认为：只要自己努力、喜欢做某件

事，并且能把它做好，就该得到不错的薪水。然而，职场并不只看"勤奋"或"熟练度"。

它更像一场商业交易，企业衡量的是你能带来多少价值、有没有可替代性。所以，我常通过一个"**三叶草模型**"让大家理解职业幸福和岗位价值的关系。

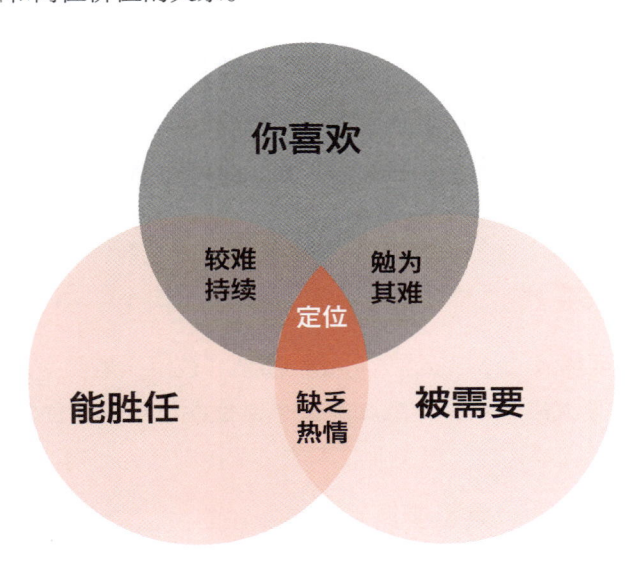

```
         你喜欢
    较难        勉为
    持续  定位   其难
  能胜任   缺乏   被需要
          热情
```

1. 你喜欢（个人兴趣）

这片叶子代表的是"内心动力"。如果你发自内心地喜爱某项工作，无论需要学多少新技能、熬多少加班夜，你都会觉得有意义、不枯燥。缺少兴趣或热爱，工作只会变成机械的重复。

- 若一个人喜欢编程，就算遇到复杂难题，也能熬夜钻研、乐在其中。
- 若只为生计逼迫自己，哪怕表面勤奋，也很难真正激发创造力和主观能动性。

2. 能胜任（个人能力）

这是确保你可以"拿到合格成绩"的关键，包含专业技能、工作经验以及内在学习力。如果你不能胜任，企业可能会给你一段适应期，但若长期达不到要求，你还是会被淘汰。

- 例如，你喜欢做数据分析，还懂点统计学，但若只会简单函数却不会写脚本或SQL语句，难以支撑实际业务，就属于"热情有余、能力不足"的情形。
- 即便企业暂时给你机会培养，但并非所有岗位都会容忍长时间的技能空白。

3. 被需要（岗位稀缺性）

很多职场人往往忽视这片叶子。所谓"被组织需要"，不仅指企业确实要人来干活，更意味着**这个岗位在组织中地位怎样**、是否容易被替代或外包、对企业收入或成本控制是否关键。

- 若你的岗位是企业核心利润所在的岗位，如核心产品开发、关键技术解决方案、核心资源管理，高层必然会想方设法留住你、培养你。
- 反之，如果这个岗位有大把外包或自动化替代办法，企业不太可能给出高昂薪酬，也很难在你身上投入更多资源。

只有当这三片叶子同时满足，你喜欢、你能胜任、企业也高度需要你时，你才更有可能"工作幸福感+较高回报"两不误。如果缺了一片，就会出现各种问题。

小刘的问题就在于她喜欢测试，也能胜任，但对于企业来说这个岗位并不是很稀缺，加上可替代性强，自然谈不上高薪。

（二）具体的问题：当岗位与市场"撞"在一起

当一个岗位无法给你想要的回报时，根本原因通常是：**市场对这个岗位的定价早已固定，或者企业对这岗位并不珍视**。如果你继续死守不变，就算跳槽到下家，薪资水平依旧差不多。像小刘这样，找了半年也没拿到薪资更高的Offer，不是她做得不好，而是行业与岗位的现实决定了她的"薪资上限"。

在我看来，每个人都可能遇到类似情形：

- 你明明在这个岗位上做得不错，却发现换多少家公司价码都是差不多的。

- 你想往上谈薪，对方却说："市场就是这样的，不接受就算了。"

1. 稀缺性——工资上涨的关键杠杆

如果你所在岗位的工作内容很容易被自动化工具或外包代替，或者有人随时能顶替，企业就不会给高薪。毕竟，"你不干还有人干"，用人成本就停留在一个固定水准。

例如：部分手工测试、简单运营工作，本就竞争者众多，公司也能用第三方外包实现同样功能。

用经济学的眼光看，当供大于求时，薪资难以升高。

2. 勤奋不等于高回报

很多人以为，只要拼命干活、加班加点，总能得到"涨薪"的机会。可若岗位本身不稀缺，再努力也只能在绩效里得到些许赞扬。只要你要求大幅加薪，公司就会想："找其他人来替换更划算，或者让自动化工具顶上吧。"

3. 行业与个人定位的错配

还有一种情况：行业明明在高速发展，别人在相同年限里薪资飞涨，你却停留在原地。这说明，你所选择的岗位在行业里属于边缘或辅助角色，不是核心增长点。就像一家高速成长的电商公司，对用户运营、营销增长可能非常重视，但若你只是一名普通的"纸质档案管理员"，那么就算企业发展得再好，你在这个岗位也难分得多少增量。

小刘的遭遇属于上述三种情况中的第二种：她勤奋努力，却不在稀缺岗位，只能停留在原有薪资水平。

（三）如何解决？从三方面提升或转变

若你发现自己掉进与小刘相同的"尴尬境地"，不必灰心。从我的经验来看，还有足够有效的方法去改变现状。大概有如下三个策略可选。

1. 升级你的岗位价值

如果你一时无法放弃现有岗位，例如小刘还是想做测试，就要在当前领域"垂直深耕"，形成不可替代的能力。

例如：

- 由手工测试转向自动化测试开发。
- 熟练掌握Python或Shell脚本写法，帮助公司实现大规模压力测试。
- 学会运用数据分析的思维，反馈出更有价值的"测试报告"，不仅指出Bug，也能对产品优化提出建议。

- 在测试工作中主动承担需求整理、产品质量把控职责，让自己成为产品交付里的关键环节。

只有当你在测试领域进化到"行业稀缺型人才"时，企业才会真心愿意出更高薪资留住你。

2. 换一个稀缺度更高的岗位

假如你已经厌倦了某些可替代性过高的工作，可考虑换到"在公司利润与业务中更核心"的岗位。

例如：

- 拥有编程或脚本功底的测试工程师，可以慢慢切入研发或项目管理。
- 有数据分析能力的运营人，可以转向价值更高的"增长黑客"或"用户增长策略"。
- 会使用市场营销工具的"普通营销专员"，可转向高阶营销策划或品牌管理。

关键在于：你能否补足转岗所需的技能，并在面试环节做出过往成果的"转化包装"，让企业觉得你能带来实实在在的"新价值"。

3. 结合行业趋势进行岗位跃迁

就如同有人在电商日益饱和的时代，转向了增长更快的直播电商或跨境电商里做"品类运营"，在传统软件测试不吃香后，你转向AI应用测试或AI数据标注管理领域，就有了更大的薪资空间。

总之，你要先看清所在行业与岗位所处的周期和竞争格局：如果行业正处于高速发展期，新岗位层出不穷，那么你可以借此机会"擦身而入"；如果行业已到成熟或衰退期，许多岗位是存量博弈，很难再出高薪，则建议转行或转换到行业的增量领域。

给小刘的行动建议

结合咨询过程中对小刘的了解，我帮她设计了一套方案。

（1）先横向扩充自动化技能

- 学习常用测试脚本语言与CI/CD工具，让自己不再只会"手工测Bug"。

- 通过在线课程或自学平台，拿出实际项目案例，在简历上突出"自动化测试+性能监控"方面的经历。

（2）尝试兼顾项目管理或产品优化

- 如果有机会，争取在新公司或者现公司里向上承接一些项目管理、质量把控职责。

- 让老板和团队看到：你不仅仅会"反映问题"，还会推动协作、优化流程，甚至能提出改进产品功能的小建议。

（3）评估AI或大数据相关赛道

- 看看是否能跳到AI领域的"质量管理"岗，或者大数据平台的"测试与集成"岗。若行业需求大，你的切入时机就更好。

- 若家里经济压力不大，则可以先试试实习或学习项目，证明自己具备与AI数据处理对接的能力。

（4）给自己半年到一年的转变周期

- 一边在网上找相应岗位机会，一边充实技能储备。
- 不要期待"下一份工作直接翻倍工资"，要先获得"稀缺技能+稀缺领域"身份，再慢慢通过跳槽提升薪资议价。

（四）岗位决定了你可走多远

有些人疑惑："那我可不可以就保持一般水平，不追求稀缺性？"当然可以，但你也要承认自己的薪资增长会相对有限，而且被替代和淘汰的风险会更高。

勤奋并没有错，但在高度竞争、变动迅速的职场环境里，如果你的岗位属于"普遍可替代"的，那么勤奋最多让你在**同级别**竞争者里领先一点，难以取得突破式加薪。

例如，同样是做"软件开发"，有人仅掌握老旧技术栈，做的事别人也能做；有人却专注于云原生、分布式架构、深度算法等前沿技术。两者付出的努力可能都很多，但后者的稀缺性更高，必然得到市场的更多青睐。

在与行业趋势相结合时，我们又得注意：行业在某个阶段若被新技术替换，曾经的"热门岗位"可能瞬间过气。时刻跟进新风向、保有学习弹性，是维系岗位稀缺度的一大关键。

你的薪资上限，从来不仅仅取决于勤奋，更在于岗位的稀缺度与不可替代性；

学会在"喜欢、能胜任、被组织需要"的三叶草交集里打造差异化优势，你才能在职场中逆势生长、打破天花板。

不同岗位核心技能拆解：产品经理、项目经理、销售等

有人问我："为什么在同一家公司里，有些人收入飙升、有些人稳中有升、有些人却一直在底层苦苦挣扎？"其实，这和企业组织架构有极大的关系。

大多数以售卖产品或服务为主的商业模式，通常会有以下五个核心部门——产研部门、营销部门、生产部门、服务部门与职能支撑部门。这些部门各自的定位不同，导致核心岗位在价值分配上也天差地别。

接下来先带你了解这五大部门的定位，看看各部门哪些岗位更具"高天花板"潜力，然后深入解析几个典型岗位（如技术开发、产品经理、大客户销售、HR等）的核心技能与晋升通道。

只有认清企业内部不同模块的运作逻辑，你才能更好地找到自己的发力点、规划职业发展路径。

1. 企业核心部门与岗位全景

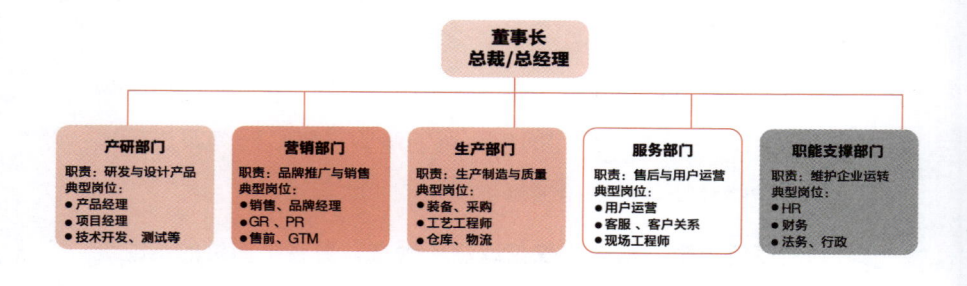

```
                    董事长
                 总裁/总经理
  ┌──────────┬──────────┼──────────┬──────────┐
产研部门    营销部门    生产部门    服务部门   职能支撑部门
职责：研发  职责：品牌  职责：生产  职责：售后  职责：维护
与设计产品  推广与销售  制造与质量  与用户运营  企业运转
典型岗位：  典型岗位：  典型岗位：  典型岗位：  典型岗位：
●产品经理   ●销售、品牌 ●装备、采购 ●用户运营  ●HR
●项目经理    经理       ●工艺工程师 ●客服、客户 ●财务
●技术开发、 ●GR、PR    ●仓库、物流  关系       ●法务、行政
 测试等     ●售前、GTM              ●现场工程师
```

（1）产研部门

- **职责**：研发与设计产品，为产品的技术竞争力和商业价值负责。

- **典型岗位**：产品经理、项目经理、技术开发、测试等。
- **定位**：通常属于高门槛、高天花板的部门。因为"技术"或"产品设计"往往是企业赖以生存的核心竞争力，决定着产品能否成功打入市场。
- **特点**：

    门槛高：需要专业知识和技术背景，如技术开发人员必须有编程、算法、架构等硬核能力；产品经理需要具备市场分析、用户洞察、需求拆解等综合技能。

    相对稳定：在大多数科技、互联网企业里，研发与产品岗位通常不会轻易被外包或替代，尤其是关键技术团队更是企业骨干。

    晋升机会：依赖个人专业能力与创新思维，若能带来关键技术突破或重要产品增长，可快速获得"项目负责人""高级专家""部门负责人"等晋升机会。

（2）营销部门

- **职责**：负责产品的品牌推广与销售，为产品的渠道拓展、销售额和市场影响力负责。
- **典型岗位**：销售、品牌经理、客户经理、GR（政府关系）、PR（公共关系）、售前解决方案工程师、GTM（Go-To-Market）等。
- **定位**：低门槛、高天花板。在早期入行时，销售或市场岗位通常对行业经验要求不算极高，但随着业绩达成和客户积累，优秀营销人能迅速晋级，拿到高额提成或丰厚奖金。

- **特点：**

  潜力可观： 销售、市场等对业绩和结果负责的岗位，一旦拿到大客户或重大项目，回报可成倍递增。

  对个人特质依赖度大： 需要良好沟通、谈判技巧、压力承受力和灵活应变的能力；同样，也有许多人中途发现不适应"强节奏"或"高压力"，被迫退出。

  成长性强： 很多企业的中高层，最初都是在销售或市场岗位做出成绩后转型做管理的。

  （3）生产部门

- **职责：** 负责产品的生产、制造、组装和质量保证，为高效率、高质量交付负责。

- **典型岗位：** 装备、采购、仓管、物流、工艺工程师、流水线工人等。

- **定位：** 在科技类企业里，一部分生产环节会被外协或外包，或者采用工业自动化机器人来完成大量标准化操作，所以对应岗位的薪资上涨空间相对有限。

- **特点：**

  易被替代或外包： 如果生产线不是企业核心竞争力所在，容易外包给第三方厂商。

  技术含量不均衡： 有些岗位需要较高制造工艺或自动化机械操作知识，属于高门槛；但大多数流水线操作岗门槛低，可替代性高。

  空间较窄： 在互联网、软件类公司可能没有大规模生产车间，或生产流程交给OEM厂商，导致内部晋升通道有限。

（4）服务部门

- **职责**：围绕产品售后、用户运营与关系维护，让客户持续满意、提升用户黏性和复购率。

- **典型岗位**：用户运营、客服、客户关系、现场工程师、活动策划等。

- **定位**：以前很多企业仅将"服务部门"视为被动的售后支持，但如今不少行业开始将服务作为核心竞争力，深挖"用户体验"和"增值服务"。

- **特点**：

  用户驱动：像蔚来、海底捞、胖东来等公司，把服务做成名片，这些岗位就成了企业的核心。

  口碑和营销联动：强大的服务口碑能为企业节约巨额市场费用，口口相传的品牌影响力也带来更多销售机会。

  薪资模式不一：若服务能直接带动续费或额外营收，岗位价值较高；若只是"被动处理客诉"，可能地位和薪资水平较为一般。

（5）职能支撑部门

- **职责**：维护企业内部的高效运转，让信息流通更顺畅，确保企业合规经营。

- **典型岗位**：HR、财务、法务、行政等。

- **定位**：相对不产生直接业绩，却维系企业的基础运行。当公司效益良好时，这些部门能安稳发展；一旦公司经营困难，职能岗位往往首当其冲遭遇缩编。

- **特点：**

间接价值：无法直接贡献业绩数字，但能帮助其他业务部门更高效或避免不合规风险。

专业性要求：财务、法务等需要严谨专业背景，HR则注重招聘、培训、组织发展等能力。

风险性：当企业大幅裁员或压缩成本时，职能支撑部门常被列为优先节流对象。

2. 各部门在企业经营中的价值差异

有了上述五个部门的概念，对比一下就能发现：

- **产研部门**通常技术壁垒高，易成高薪群体，但需要较高的技能积累。
- **营销部门**进入门槛相对宽松，却可凭成绩突围，让业绩精英轻松跻身高收入群体。
- **生产部门**受自动化与外包冲击较大，上升空间有限。
- **服务部门**从"被动客服"向"用户运营"升级，若能创新玩法，则可能成为新的企业增长点。
- **职能支撑部门**不直接产出营收，易遇到经营不佳时的裁员，但在大公司若专业性出众，也有不错的发展通道。

在此基础上，我们可以更深入地了解**各典型岗位需要哪些核心技能、有哪些晋升通道**，从而更好地为自己做职业决策。

3. 几个典型岗位的核心技能与晋升路径拆解

下面从四个代表性岗位切入：**技术开发、产品经理、大客户销**

售、HR。也可以延伸至其他岗位，如项目经理、财务、法务、售前等，但这四者最具代表性。

（1）技术开发

① **目标**

通过代码或系统设计，实现产品核心功能与技术升级，为企业的核心竞争力提供源动力。

② **核心技能**

- **编程能力**：精通一到两门主要编程语言（如Java、Python、C++），掌握扎实的数据结构与算法知识。

- **系统架构**：懂分布式、高并发、微服务等架构思想，能支撑大规模业务场景。

- **持续学习**：技术更新快，需跟进行业新框架、新语言、新版本。

- **团队协作**：懂版本管理、敏捷开发等流程，和产品/测试/运维深度协作。

③ **晋升通道**

- **技术专家路线**：初级开发 → 高级开发 → 资深工程师/架构师 → 首席架构师/技术专家。

- **管理路线**：项目主管 → 技术经理 → 技术总监 → CTO（或VP R&D）。

- 在大厂里，技术序列等级分得很细，做到P7/P8就是行业专家级别，年薪上百万元不是梦。

(2)产品经理

① 目标

从用户与市场需求出发,定义产品方向、功能规划与迭代路线,保证产品能切实解决用户问题并具备商业价值。

② 核心技能

- **需求分析**:能洞察用户痛点、用数据或调研确定需求优先级。
- **产品设计**:熟悉原型工具、信息架构、交互逻辑。
- **项目协调**:与技术、设计、测试等多方沟通,确保需求落地。
- **商业思维**:关注市场竞争、商业模式,能平衡用户体验与收益目标。
- **数据驱动**:善用A/B测试、埋点分析等方式,不断迭代产品。

③ 晋升通道

- **专业路线**:产品助理 → 产品经理 → 高级/资深产品经理 → 产品总监(或首席产品官CPO)。
- **转型管理**:结合项目或研发管理经验,可走总监/VP层面,管理多个产品线。
- 不同公司对产品岗位的细分较多,如增长产品、B端产品、平台产品等,若能在某一细分领域做出显著成绩,则晋升空间很大。

(3) 大客户销售

① 目标

面向大客户（如政府单位、大型企业）拓展与维护销售关系，实现高额订单和长期合作，为企业营收和利润作最大贡献。

② 核心技能

- **谈判能力**：高客单价销售往往需要复杂商务谈判，能洞察对方决策链。
- **人脉资源**：大客户采购流程烦琐，需要与多部门沟通，如果掌握关键人脉，会事半功倍。
- **行业解决方案**：除"卖产品"外，更要懂客户痛点，提供整套方案并持续跟进。
- **抗压与执行力**：大额订单意味着更久谈判周期，需要极强韧性与自我管理能力。

③ 晋升通道

- **绩效提成+晋升**：大客户销售若拿下关键订单，则月入几万元或年薪数十万元、上百万元都非难事。
- **管理岗位**：销售经理→销售总监→副总裁（营销负责人），有时也可转向公司战略或BD（商务拓展）。
- 在一些高速成长行业，大客户销售更是决定企业营收命脉的核心岗位，天花板极高。

(4) HR（人力资源）

① 目标

通过招聘、培训、薪酬、员工关系和组织发展等工作，让企业内部人力资源配置最优，实现人才与岗位的高效匹配，帮助公司文化与组织能力提升。

② 核心技能

- **招聘与面试**：可快速筛选并吸引到优质候选人，有敏锐的识人能力。
- **薪酬绩效设计**：懂得激励与成本的平衡，制定合理的薪酬结构与绩效考核。
- **培训与员工发展**：根据业务需求设计培训体系，帮助新人和老员工持续成长。
- **组织架构规划**：协调部门职能与流程，处理冲突或合规风险。
- **文化与凝聚力**：在内部打造积极氛围，留住核心人才。

③ 晋升通道

- **专业路线**：HR专员 → HR主管 → HR经理 → HRD（人力资源总监）→ VP of HR/ CHRO（首席人力官）。
- **转型路线**：有些人善于招募与谈判，也可转向猎头或咨询方向；或者在创企里兼做行政、财务管理等多职能。
- 在大中型企业里，HR若能驾驭组织发展和战略层面的工作，价值非常高；但小公司可能只需"招人+薪资结算"，可替代性较高。

4. 结合岗位与部门特性做出更优选择

从前面的概念，我们可以简单总结如下。

（1）**产研部门**：普遍高门槛，高天花板，需要较长期累积，但只要深耕，就有较大议价空间。

（2）**营销部门**：低门槛进入，但如果你能做出业绩或建立客户资源，则可能一飞冲天。

（3）**生产部门**：不少企业倾向外包或自动化替代，薪资上限相对有限，除非你在其中掌握特殊工艺或专有技术。

（4）**服务部门**：从过去"售后"角色上升为"用户运营与关系管理"，做得好也能为企业省巨额市场费和提升品牌口碑，关键在于你能否切入核心服务创新。

（5）**职能支撑部门**：专业度高（如财务、法务）或综合管理（如HR、行政），若能在某项技能达到资深水平，在大企业仍有良好晋升空间；反之，如果只是基础事务，很容易被裁或替代。

同时，你要注意**岗位本身**的技能与晋升逻辑。

- **技术开发**：为公司"技术壁垒"负责，通常高薪稳定，但需不断学习新技术。
- **产品经理**：掌控需求与产品方向，若能拿出爆款产品，升职和话语权就会大幅增加。
- **大客户销售**：与企业收入直接挂钩，大单带来高提成，但也意味着更强压力。
- **HR**：在高速成长型公司里能拿到话语权，但若公司经营遇挫，则可能被波及。

由此，你可以根据自己的性格、技能和目标，选择一条合适的路径。比如，有人性格外向、能承受压力，就更适合往销售或市场方向深耕；有人技术思维好、注重逻辑，就适合往产研路线发展。关键是要看你是否能在这个岗位里体现稀缺性、为企业带来超乎常人的价值。

5. 如何定位自己在各岗位的职业路径

（1）晓琪：软件开发工程师→架构师

- 起初在小公司做简单码农，后来看到云计算火热，花半年自学分布式与微服务，用项目证明能力后跳槽至大厂。
- 三年后成为架构师，年薪突破50万元。此路径需要技术更新迭代的学习力和实践机会。

（2）阿东：市场专员→品牌经理→营销总监

- 刚入职时只能打杂，做海报、地推活动。
- 一次活动带来销量暴增，他在复盘中呈现了自己对营销策略的思考，公司高层注意到他的潜力。
- 逐步晋升为品牌经理，并在三年后跳去另一家创业公司做营销总监，拿到期权与更高薪资。

（3）小敏：人力资源专员→HRBP（人力资源业务合作伙伴）

- 前期主要负责招聘，比较琐碎，但她愿意观察业务部门痛点，并提出与绩效和培训相结合的方案。
- 慢慢成为"HRBP"，参与部门决策，与经理协同解决团队激励、人员培养问题。
- 公司高速扩张，她的综合能力价值凸显，晋升为人力资源经理，年薪翻倍。

6. 总结：认清岗位价值，让经验积累更有方向

想要在职场持续成长并拥有更高回报，不仅要努力和勤奋，更要学会站在公司经营的角度，了解各部门及各岗位的定位。越能

给企业带来直接利润或关键资源、越是需要较高门槛的岗位，通常越稀缺，薪资或晋升空间也越广阔。

（1）盘点自我性格与技能

- 外向，具备沟通谈判天赋，不妨选择营销领域。
- 喜欢钻研技术、逻辑严谨，或许产研岗位更合适。

（2）评估岗位在组织中是否核心

- 若企业将其当"附属品"，就算你努力十年，涨薪幅度也有限。
- 若是直接影响企业营收或产品竞争力，你的回报就可能水涨船高。

（3）把握时代趋势

行业与岗位都要结合当下大环境。若走在朝阳赛道，又选对关键岗位，你的职业发展将加倍加速。

只要你在工作中理解"部门定位+岗位特质"，并保持学习迭代，就能让自己的经验积累不断增值。别让自己成为"任何人都能替代"的角色，像测试工程师小刘那样止步不前；也别错把"埋头苦干"当唯一手段，忽视了岗位对企业的重要性。只有选对方向、升级能力，才能在职场闯出更广阔的天地。

职场的价值天花板，不仅在于你多能干，还在于你选了哪块拼图：

唯有站在企业关键位置，并锤炼出稀缺本领，才能让经验积累真正变成升值的资本。

四、跨行业经验迁移：让你的技能具备延展性

2015年是我在华为的第8个年头，那时，我已经非常明确地感觉到，智能手机行业正逐渐步入成熟期：竞争愈发内卷，市场增速放缓，产品创新空间也日趋有限。我知道，想要在职业生涯中继续前进，必须找到自己的**职业发展第二曲线**。

彼时，移动互联网行业如日中天，整个行业弥漫着无穷的机会。阿里刚刚在纳斯达克上市，滴滴、美团、字节跳动等一批新兴互联网企业蓬勃发展。这样的行业动态让我下定决心，跳出传统制造业，进入移动互联网行业。

初次尝试却铩羽而归。

我找到一位在腾讯工作的华为前同事，托他帮忙内推。幸运的是，我顺利拿到了面试机会。然而，面试中，我却被业务部门的几个简单问题难住了：

- "新产品上线后，优先关注哪些数据？"
- "如何找到天使用户？"
- "产品高增长的本质是什么？"

那一刻，我意识到，过去8年的产品经理经验几乎全是围绕**手机规格、芯片性能、出货量和成本管控**展开的，完全没有涉及用户数据、增长逻辑等互联网核心思维。于是，我意料之中地失去了这次内推机会。

后来，我通过"曲线救国"的方式，从一家软件公司入行，逐步积累移动互联网行业经验，才终于在一年半后实现了转型。但这段时间的教训让我明白：**跨行业迁移并不是简单的技能平移，**

而是需要深度认知新行业的规则、需求与岗位核心价值。

（一）跨行业迁移的挑战与机遇

事实上，每个时代的产业革命都会催生出前所未有的新岗位。

技术革新催生的新职业演变

工业时代到电子时代
设备工程师
自动化技术员
工艺工程师

移动互联网时代
产品经理
用户增长专家
算法工程师
数据分析师

PC互联网时代
网站开发
系统集成
IT支持

AI智能化时代
AI训练师
大模型产品经理
数据标注与管理
自动驾驶工程师

每一次产业升级，都伴随着新岗位和新能力需求的诞生。如果能抓住这些转型机会，一个人完全可以通过延展技能，成功跨行业迁移。

无论你目前从事什么岗位或身处哪个行业，都可以从以下三个维度梳理自己的可迁移技能，找到跨行业发展的切入点。

（1）哪些技能可以迁移？

（2）目标行业需要什么样的能力？

（3）如何快速填补认知空白？

为了回答这些问题，我们可以从三个维度剖析：底层能力、岗位核心技能与行业专属认知。

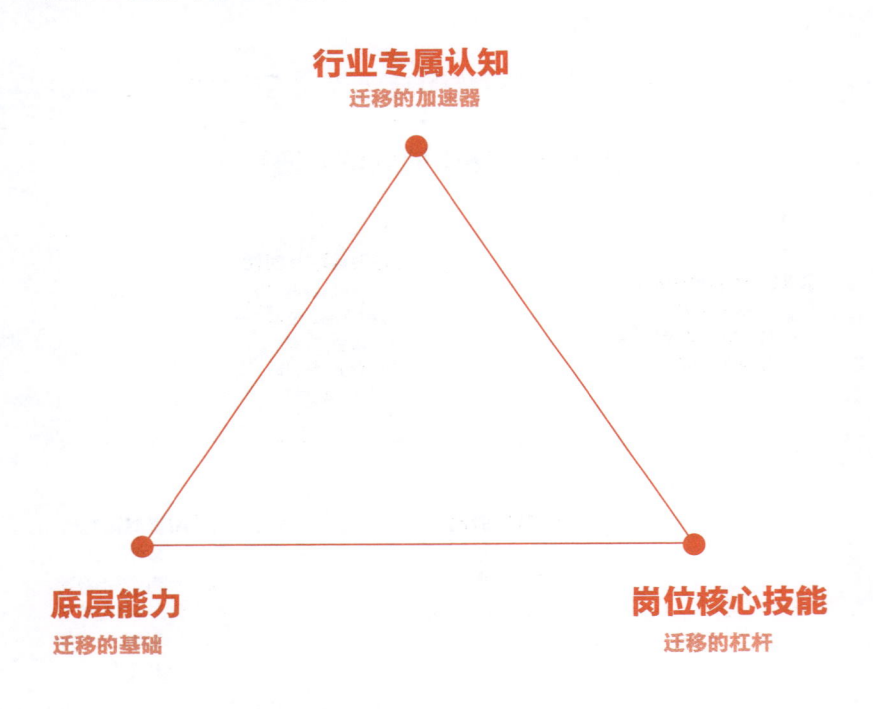

行业专属认知
迁移的加速器

底层能力
迁移的基础

岗位核心技能
迁移的杠杆

1. 底层能力：迁移的基础

底层能力是任何行业都通用的"软技能"，也是你成功适应新领域的基础。以下四种能力是跨行业发展的必备能力。

- **沟通表达能力**：跨行业后，你需要快速理解新规则，与新团队建立联系。清晰、高效的沟通是赢得信任的基础。
- **数据思维**：无论在哪个行业，数据驱动决策已成为主流。能够收集、分析、解释数据，是迅速找到问题和机会的关键。

- **产品思维**：学会从用户需求出发，用系统化的逻辑设计解决方案。
- **商业思维**：跨行业后，你必须快速理解新行业的盈利模式与竞争逻辑，抓住业务重点。

2. 岗位核心技能：迁移的杠杆

每个岗位都有自己的核心技能，是你切入新领域的杠杆。以下是几个典型岗位的技能拆解。

- **产品经理**
  - **需求分析**：精准捕捉用户痛点并优先排序。
  - **产品设计**：熟悉原型工具与交互设计方法。
  - **项目管理**：统筹资源，推动功能如期上线。
  - **数据验证**：通过A/B测试与埋点分析，指导产品迭代。
- **销售**
  - **客户开发**：发现潜在客户并建立信任。
  - **商务谈判**：在复杂环境中达成共赢协议。
  - **行业知识**：懂客户业务，提供专业化的解决方案。
- **运营**
  - **用户增长**：通过活动策划与流量投放，提升拉新与留存。
  - **数据分析**：发现用户行为规律，优化运营策略。
  - **用户管理**：通过内容和互动，提升用户活跃度和忠诚度。

- **技术开发**
    - **编程能力**：掌握主流开发语言与框架。
    - **系统设计**：有高并发、分布式系统开发经验。
    - **技术更新**：保持对前沿技术的学习与应用。

3. 行业专属认知：迁移的加速器

行业认知是跨行业迁移最容易被忽视、却最关键的一环。它不仅决定你能否理解新领域，还关系到你能否在短时间内找到切入点。

六大新兴行业的特点、术语与岗位机会拆解如下。

（1）新能源行业

新能源行业包括**新能源汽车**、**新能源储能**和**氢能技术**。其中，新能源汽车近年来受到政策与市场双重推动，产销量屡创新高。新能源储能则在电网调峰、工业用电等场景下崭露头角。

- **典型术语**：SOC（电池状态）、BMS（电池管理系统）、快充技术、整车OTA（在线升级）。
- **典型岗位**：
    - **储能解决方案工程师**：设计电池储能系统，优化充电效率。
    - **新能源汽车产品经理**：规划智能化功能（如自动驾驶）。
    - **电池研发工程师**：专注于电池材料和寿命优化。

（2）AI行业

包括**AI大模型开发**、**行业赋能应用**和**AI智能硬件**三大方向。目前AI技术在医疗、教育、零售等领域的应用潜力巨大，大量企业竞相布局。

- **典型术语**：大模型、AIGC（生成式AI内容）、数据标注、推理效率。
- **典型岗位**：
  - **AI产品经理**：设计与优化AI工具的用户体验。
  - **算法工程师**：开发自然语言处理、计算机视觉算法。
  - **数据标注专家**：为AI训练提供高质量的数据集。

（3）低空经济行业

涉及**无人机**及其上下游应用，如物流配送、测绘、农业等。随着政策逐步放宽，低空经济的市场前景广阔。

- **典型术语**：航拍级无人机、低空空域、载重航程。
- **典型岗位**：
  - **无人机研发工程师**：设计飞行控制系统与动力模块。
  - **无人机运营经理**：策划无人机物流或测绘解决方案。
  - **市场营销**：推广无人机产品及其行业应用场景。

（4）跨境电商行业

包括**跨境电商平台**（如Shein、Temu）、**跨境物流与支付**及下游服务商。新兴市场如东南亚、拉美市场成为行业增长主力。

- **典型术语**：海外仓、尾程配送、清关服务。
- **典型岗位**：

- **品类运营**：负责商品选品与促销规划。
- **跨境物流经理**：优化海外仓储与配送链路。
- **支付解决方案工程师**：开发安全高效的支付系统。

（5）企业服务SaaS行业

- 企业服务SaaS主要服务于中小企业，提供CRM（客户关系管理）、HR管理、财税等解决方案。随着数字化转型加速，该行业增长迅猛。
- **典型术语**：云端协作、API对接、订阅模式。
- **典型岗位**：
  - **SaaS产品经理**：规划产品功能模块（如客户管理）。
  - **客户成功经理**：帮助企业客户更好地使用产品。
  - **数据分析师**：分析SaaS产品使用情况并提供优化建议。

（6）半导体行业

半导体是AI、大数据等技术的基石，涵盖芯片设计、研发、生产到应用的全产业链。

- **典型术语**：光刻机、芯片制程、晶圆代工。
- **典型岗位**：
  - **芯片设计工程师**：开发用于AI加速的芯片架构。
  - **工艺研发工程师**：优化芯片制造工艺，提高良率。
  - **市场拓展经理**：为芯片设计公司开拓新客户与合作伙伴。

跨行业迁移是将已有能力打造成新舞台的敲门砖；掌握行业认知、找到技能契合点，你不仅能突破旧有限制，还能开启更广阔的职业天地。

（二）从传统行业跳跃到科技赛道的成功路径

在职业发展的不同阶段，很多人都可能会面临一个重大的问题：**是否已触顶行业天花板？**

无论是因为行业周期走向成熟甚至衰退，还是个人职业成长遇到瓶颈，**跨行业跳跃到新赛道**往往是实现职业跃迁的重要选择。

然而，跨行业并不是简单地换个工作，而是一场系统性的技能迁移与认知升级。

为什么有些人能成功跨行业，而有些人却原地踏步？

成功的秘诀在于，能够梳理出自己的**可迁移技能**、准确评估新行业的需求，并掌握快速弥补认知差距的方法。以下，我们将通过模型分析与五个真实案例，探讨从传统行业跳跃到科技赛道的成功路径。

1. 跨行业岗位的三大分类

在企业中，岗位的行业通用性直接决定了跨行业的难易程度及个人发展空间。通常可以将岗位分为三类：

（1）第一类岗位：行业通用性高，转行相对容易，但薪资天花板较低

这些岗位在不同企业中都需要，技能通用性强，因此跨行业门槛较低。然而，由于这些岗位多属于支持或服务类，直接创造营收的能力有限，因此薪资涨幅较低，职业发展空间相对受限。

典型岗位：HR、法务、行政、财务、质量管理、测试工程师。

企业岗位分类

第一类岗位
行业通用性高
转行容易
薪资天花板低

典型岗位：
- HR
- 法务
- 行政
- 财务
- 质量管理
- 测试工程师

第二类岗位
行业通用性中
技能可迁移
薪资天花板高

典型岗位：
- 产品经理
- 运营
- 销售
- 品牌
- 市场研究
- 项目管理

第三类岗位
行业通用性低
转行难
行业红利高

典型岗位：
- 程序员
- 建筑设计师
- 行业专属技术人员
- 医生
- 教师

高 ←——————————————→ 低
行业通用性

（2）第二类岗位：行业通用性中，部分技能可迁移，但薪资天花板高

这些岗位在不同行业中的业务模式可能会有所不同，但其核心技能具备可迁移性，且岗位的价值直接与企业营收或市场扩展挂钩，因此薪资提升空间较大。这类岗位尤其适合希望跨行业的职场人选择。

典型岗位：产品经理、运营、销售、品牌、市场研究、项目管理，大部分为中高层管理岗位。

（3）第三类岗位：行业通用性低，转行较难，但行业红利高

这些岗位往往是技术密集型岗位，对专业技能和行业背景要求

较高。如果行业处于朝阳期，这类岗位会享受高额红利；但若行业进入衰退期，则会面临转型困难的问题，因为同类型岗位在新行业中需求较低。

典型岗位：各类程序员（如嵌入式开发工程师）、建筑设计师、行业专属技术人员（如医疗器械工程师）、医生、教师等。

2. 跨行业成功的两大原则

在转行过程中，遵循以下两大原则能够显著提升成功率。

（1）选择第二类岗位：技能迁移与行业红利兼得

- 第二类岗位（如产品经理、运营、销售等）通常具备一定的通用性，这意味着你在原行业积累的经验和技能能够部分迁移到新领域。同时，这些岗位对个人潜力的包容性较高，尤其是在行业快速发展期，对"经验"要求不高，对"潜力"更加看重。

（2）选择朝阳期行业：行业窗口期最容易进入

- 在行业处于快速发展期时，企业的核心任务是抢占市场份额、构建竞争壁垒。因此，企业会更关注能否培养潜力人才，而非单纯依赖经验丰富的人才。此时转行进入，可以享受到行业的成长红利，职业发展得更快。

3. 真实案例拆解与方法论总结

案例1：B端产品经理 → AI产品经理

B端产品经理 → AI产品经理转型之路

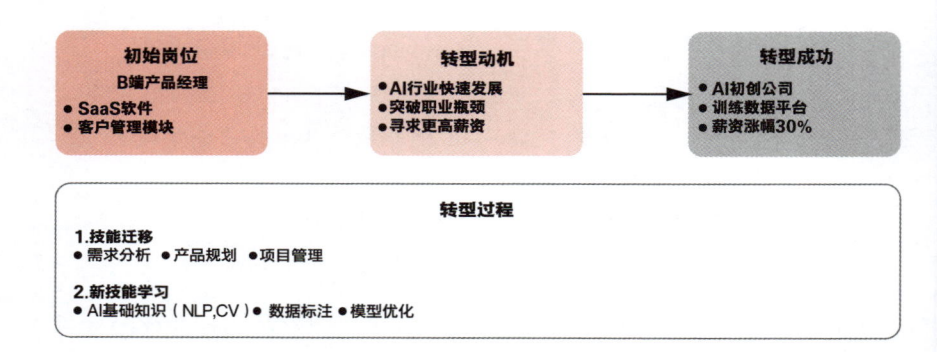

初始岗位
B端产品经理
- SaaS软件
- 客户管理模块

转型动机
- AI行业快速发展
- 突破职业瓶颈
- 寻求更高薪资

转型成功
- AI初创公司
- 训练数据平台
- 薪资涨幅30%

转型过程

1. 技能迁移
- 需求分析 ● 产品规划 ● 项目管理

2. 新技能学习
- AI基础知识（NLP,CV） ● 数据标注 ● 模型优化

- **背景**：小王是一名互联网B端产品经理，负责SaaS软件的客户管理模块，日常工作聚焦需求分析与功能设计。

- **转行动机**：AI行业兴起后，她希望跳出原行业的增长瓶颈，向AI产品经理转型。

- **转行过程**：

  ○ 梳理技能：她的需求分析、产品规划、项目管理能力是通用技能，可以迁移到AI产品管理中。

  ○ 学习行业知识：通过在线课程与行业报告学习AI基础知识（如NLP、CV等），并参与AI数据标注与模型优化的实习项目。

  ○ 成功转行：最终，她加入一家AI初创公司，负责训练数据平台的产品规划，成功在转型第一年拿到30%的薪资涨幅。

方法论：对AI产品经理而言，核心技能是产品思维与项目管理，而AI的行业知识（如模型优化、数据标注）可以通过系统的学习和项目实习快速补齐。

案例2：房地产施工技术员 → 储能行业售前解决方案工程师

房地产施工技术员 → 储能行业售前解决方案工程师

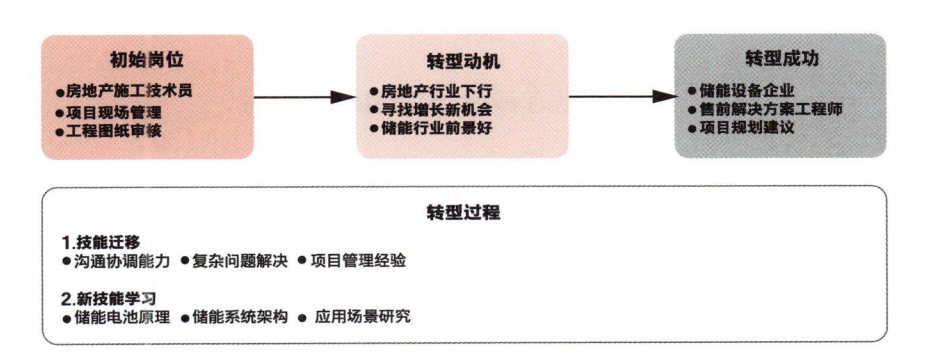

```
初始岗位                          转型动机                    转型成功
●房地产施工技术员         →      ●房地产行业下行      →     ●储能设备企业
●项目现场管理                     ●寻找增长新机会            ●售前解决方案工程师
●工程图纸审核                     ●储能行业前景好            ●项目规划建议
```

```
转型过程
1.技能迁移
●沟通协调能力  ●复杂问题解决  ●项目管理经验
2.新技能学习
●储能电池原理  ●储能系统架构  ●应用场景研究
```

- **背景**：小刘是房地产行业的一名施工技术员，擅长项目现场管理与工程图纸审核，但对储能行业毫无了解。

- **转行动机**：房地产行业下行后，他希望转入新能源储能行业，寻找更具增长潜力的岗位。

- **转行过程**：

  ○ 梳理技能：他在施工管理中的沟通协调能力、解决复杂问题的经验是核心可迁移技能。

  ○ 补充行业知识：他系统学习了储能电池的基本原理、储能系统架构与应用场景。

- 成功转行：最终，他成功应聘到一家储能设备企业，担任售前解决方案工程师，负责为客户提供储能项目规划建议。

方法论：储能行业对售前岗位的要求是技术与客户沟通并重，工程背景和项目管理能力让他具备天然优势，而储能行业知识可以通过短期学习补齐。

案例3：程序员 → AI产品经理

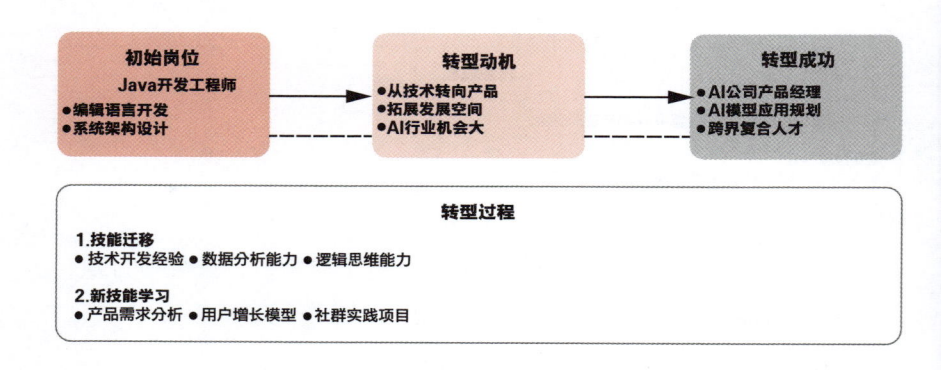

程序员 → AI产品经理

初始岗位	转型动机	转型成功
Java开发工程师 ● 编辑语言开发 ● 系统架构设计	● 从技术转向产品 ● 拓展发展空间 ● AI行业机会大	● AI公司产品经理 ● AI模型应用规划 ● 跨界复合人才

转型过程
1. 技能迁移
   ● 技术开发经验　● 数据分析能力　● 逻辑思维能力
2. 新技能学习
   ● 产品需求分析　● 用户增长模型　● 社群实践项目

- **背景**：小张是一名Java开发工程师，熟练掌握编程语言和系统架构，但对AI行业的产品逻辑缺乏了解。

- **转行动机**：希望从技术实现转向产品规划，拓展职业发展空间。

- **转行过程**：
    - 梳理技能：他的技术背景和数据分析能力是AI产品经理的重要基础。

- 提升底层能力：学习产品需求分析与用户增长模型，通过社群实践项目积累产品经验。
- 成功转行：加入一家AI公司担任产品经理，负责AI模型的行业应用规划。

方法论：技术开发岗位的底层逻辑和AI行业契合，补充产品管理能力后可快速切入新赛道。

案例4：制造业大客户销售 → 财税数字化大客户销售

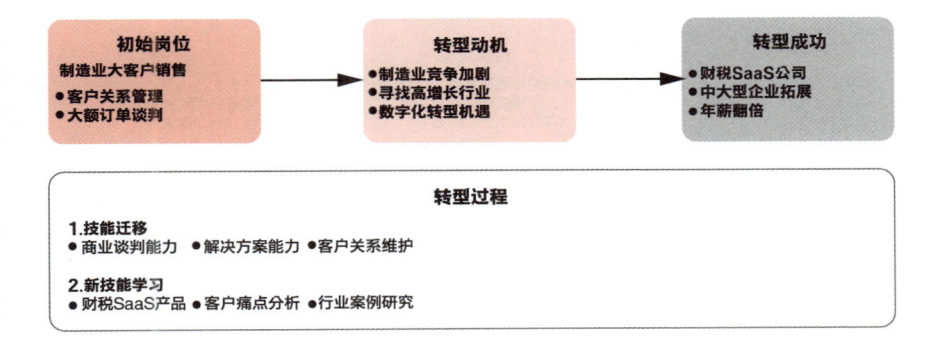

制造业大客户销售 → 财税数字化大客户销售

初始岗位	转型动机	转型成功
制造业大客户销售 ● 客户关系管理 ● 大额订单谈判	● 制造业竞争加剧 ● 寻找高增长行业 ● 数字化转型机遇	● 财税SaaS公司 ● 中大型企业拓展 ● 年薪翻倍

转型过程

1. 技能迁移
● 商业谈判能力 ● 解决方案能力 ● 客户关系维护

2. 新技能学习
● 财税SaaS产品 ● 客户痛点分析 ● 行业案例研究

- **背景**：小李是制造业的一名大客户销售，擅长客户关系管理和大额订单谈判。
- **转行动机**：随着制造业竞争加剧，他希望进入增长更快的财税数字化领域。
- **转行过程**：
  - 梳理技能：他的商务谈判与解决方案能力可以直接迁移到新行业。

- 补充行业知识：学习财税SaaS产品知识与客户需求痛点，通过行业案例研究提升专业度。
- 成功转行：他加入一家财税SaaS公司，负责中大型企业的销售拓展，年薪翻倍。

方法论：大客户销售的能力较通用，行业知识的补充让他快速成为新领域的核心人才。

案例5：土木专业应届生 → 低空经济市场推广

土木专业应届生 → 低空经济市场推广

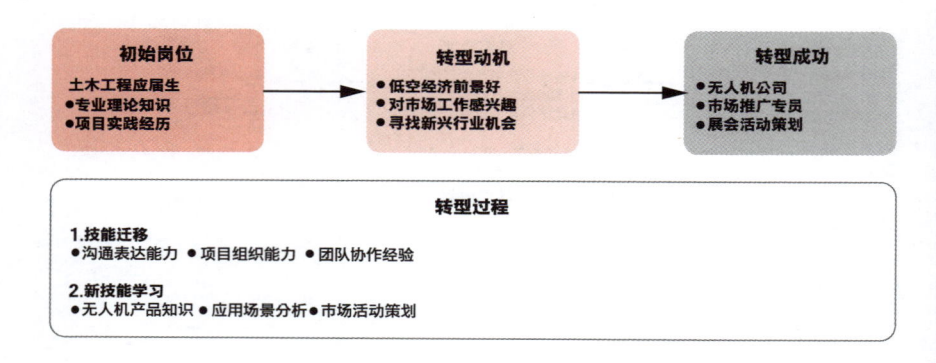

初始岗位	转型动机	转型成功
土木工程应届生 ●专业理论知识 ●项目实践经历	●低空经济前景好 ●对市场工作感兴趣 ●寻找新兴行业机会	●无人机公司 ●市场推广专员 ●展会活动策划

转型过程

1. 技能迁移
●沟通表达能力 ●项目组织能力 ●团队协作经验

2. 新技能学习
●无人机产品知识 ●应用场景分析 ●市场活动策划

- **背景**：小陈是一名土木工程专业的应届毕业生，对市场推广毫无经验。
- **转行动机**：看到低空经济行业的增长潜力，决定转向市场方向。
- **转行过程**：
  - 梳理技能：大学项目经历锻炼了他的沟通与组织能力，这些技能对市场推广岗位有迁移价值。

- 学习行业知识:熟悉无人机产品与应用场景,通过实习积累行业经验。
- 成功转行:他成为一家无人机公司的市场推广专员,负责行业展会与用户活动策划。

方法论:即便没有直接经验,将底层能力与实习实践结合,仍可找到行业切入点。

4. 成功迁移的核心方法论

在了解行业和岗位选择的重要性后,我们需要思考一个现实问题:如何从当前领域成功迁移到新的赛道?以下是我总结的职业迁移核心方法,帮助你在转型过程中少走弯路,快速站稳脚跟。

职业迁移核心方法论

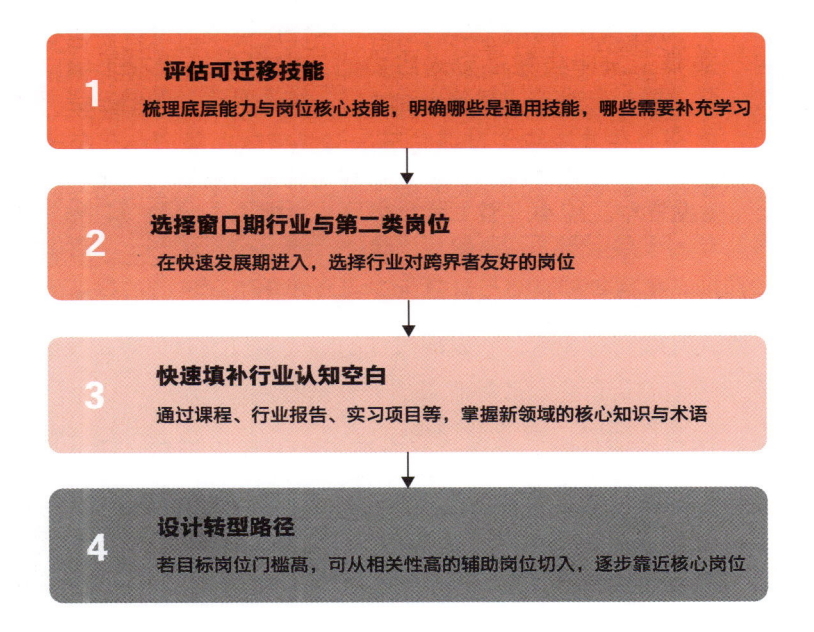

1 评估可迁移技能
梳理底层能力与岗位核心技能,明确哪些是通用技能,哪些需要补充学习

2 选择窗口期行业与第二类岗位
在快速发展期进入,选择行业对跨界者友好的岗位

3 快速填补行业认知空白
通过课程、行业报告、实习项目等,掌握新领域的核心知识与术语

4 设计转型路径
若目标岗位门槛高,可从相关性高的辅助岗位切入,逐步靠近核心岗位

跨行业迁移不是舍弃过往，而是用已有的经验为新赛道赋能。选择对的岗位与行业，精准补充认知与技能，你的职业发展将拥有更广阔的可能性。

（三）如何利用过往经验构建新的职业价值

很多职场人在考虑转行时，总有一个挥之不去的担忧：一旦进入新的行业，过往的经验、技能、资源是否都会失效？所有的一切是否都要从零开始？这种"不确定性恐惧"常常让人踌躇不前。

但事实真的是这样吗？其实并非如此。**你的职业经验不会完全归零，只需要通过盘点、分类、重构和实践来让它们焕发新的价值。**

1. 从我的转型故事说起

我在华为工作了8年，一直担任手机产品经理，主要负责市场调研、产品需求分析、产品立项、成本控制和项目管理等工作。当时，我的职业领域完全聚焦于硬件开发，和用户、互联网产品似乎八竿子打不着。

后来我决定跳出硬件领域，转型成为移动互联网行业的产品经理。当时我也有类似的担忧：之前的经验是否会完全失效？

然而，事实证明，这些担忧完全是多余的。

进入互联网行业后，我发现过往的经验不仅没有失效，反而成为我快速适应新角色、取得成果的重要基石。

- **项目管理经验**：硬件产品对项目管理要求极高，涉及从研发到量产的全流程管控。这让我在互联网产品开发中，也能高效管理需求变更，与技术团队协作顺畅，并特别重视复盘与迭代。

- **成本意识与商业化思维**：在硬件领域的成本分析和盈利决策经历，让我从做互联网产品开发的第一天起，就意识到"商业闭环"的重要性，并在产品规划阶段注入了强烈的成本控制和收益考量，这也是后来我带的团队产品能一年达成几千万元营收的重要原因。
- **快速吸收新技能**：在硬件产品经理岗位上，MVP（最小可行版本）和A/B测试几乎不存在，但进入互联网行业后，我以最快的速度学习了这些互联网思维，并在产品设计中高效运用，取得了显著成效。

两个领域看似完全不相关，其实有很多能力是可以迁移的。而转行的关键，就是要通过系统梳理与重构，以更适合新岗位的形式把过去的经验呈现出来。

2."职业价值迁移模型"：四步重构你的职业价值

迁移到新的职业赛道并非易事，但只要掌握正确的方法，我们完全可以将过往经验转化为新领域的竞争力。下面介绍一个实用的"职业价值迁移模型"，它能帮助你系统性地重构个人价值，在新赛道上实现从零到一的突破。

（1）经验盘点：梳理过去的能力资产

转行的第一步，就是全面梳理自己的过往经验。这不仅包括你掌握的技能，还包括你在工作中积累的方法论与成功案例。

- **梳理核心技能**：回顾你的职业经历，列出所有擅长的技能。比如，我在硬件行业中积累了丰富的项目管理、需求分析和成本控制经验。

职业价值迁移模型

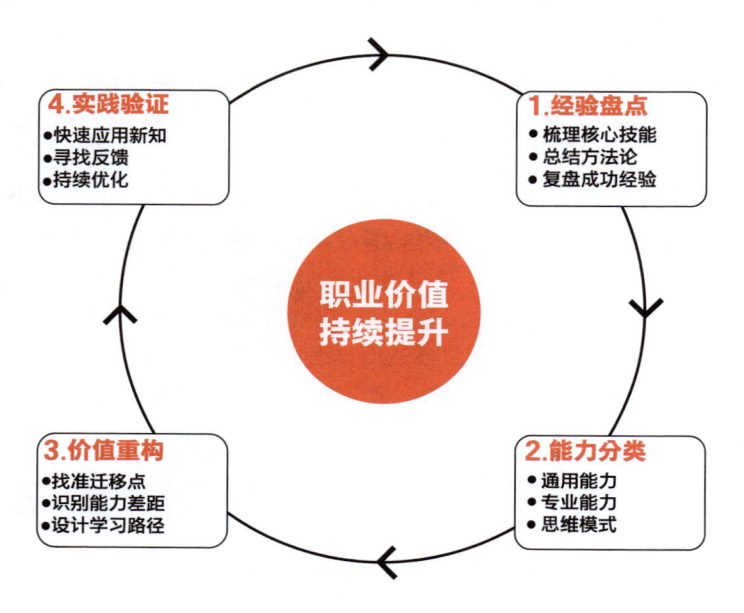

1.经验盘点
- 梳理核心技能
- 总结方法论
- 复盘成功经验

2.能力分类
- 通用能力
- 专业能力
- 思维模式

3.价值重构
- 找准迁移点
- 识别能力差距
- 设计学习路径

4.实践验证
- 快速应用新知
- 寻找反馈
- 持续优化

职业价值持续提升

- **总结方法论**：从你的成功项目中总结通用的工作方法。例如，我在硬件开发中形成了"资源优先级排序"方法，这让我在面对需求冲突时游刃有余。

- **复盘成功经验**：将以往的成果转化为可讲述的故事。例如，我曾通过调整元器件供应商，将生产成本降低15%，这段经历让我在互联网行业中同样强调"成本优化"的思维方式。

案例分享：

小李曾是一名传统制造业的大客户销售，负责五金产品的销售订单。他希望转型进入高速发展的SaaS行业，但担心自己没有互联网经验，无法胜任新赛道岗位。通过梳理，他发现自己在客户关系维护和复杂商务谈判中的能力，完全可以迁移到SaaS行业。最终，他成功应聘到一家SaaS企业担任客户经理，专注于大客户的续约和扩展。

（2）能力分类：识别通用能力与专业能力

第二步是对你的能力进行分类，明确哪些可以直接迁移，哪些需要补充学习。

- **通用能力**：这些是跨行业都适用的技能，如项目管理、团队协作、数据分析、沟通表达等。它们是转行的基础。

- **专业能力**：这些是特定领域的专业技能。例如，我的产品规划与成本分析能力在硬件行业很重要，但在互联网行业需要额外学习用户洞察和数据驱动决策的能力。

- **思维模式**：这是在工作中养成的习惯性思维，例如成本意识、复盘迭代、问题归因分析等，这些"软技能"往往能在你转行后成为你的独特优势。

案例分享：

小王是一名从事物流行业的运营经理。他计划转型进入新能源储能行业做售前支持。在进行分类梳理时，他发现自己的供应链优化、流程管理技能属于通用能力，可以直接迁移；而储能电池的技术参数和应用场景属于行业专属认知，需要额外学习。

（3）价值重构：设计迁移策略

在明确能力资产后，下一步是重新定义你的职业价值，找出旧经验与新岗位的契合点，并弥补能力差距。

- **找准迁移点**：分析目标岗位需要哪些技能，其与你现有能力的重叠部分是什么。例如，硬件产品经理与互联网产品经理的项目管理能力完全通用。

- **识别能力差距**：明确需要补充的技能。例如，我进入互联网行业后，需要学习数据分析和MVP方法论。
- **设计学习路径**：通过课程、行业报告或实习项目补充能力。例如，我通过线上学习掌握了用户行为分析的工具。

案例分享：

小陈是土木工程专业的毕业生，计划转型到低空经济行业做市场推广。她发现自己的策划与组织能力可以迁移到用户活动中，但缺乏行业知识。于是，她系统地学习了无人机应用场景与市场需求，并通过参与行业展会实习积累经验，成功入职。

（4）实践验证：以结果反哺成长

重构后的能力需要通过实践检验，在实际工作中找到能力的价值输出点，并不断优化。

- **快速应用新知**：主动将学习到的新知识付诸实践。例如，我进入互联网行业后，立即将A/B测试方法应用到产品优化中。
- **寻求反馈**：通过与团队或客户的沟通，及时了解能力的效果，调整策略。
- **持续优化**：在实践中不断完善自己的能力体系，将新行业的经验沉淀为方法论。

案例分享：

小张从软件开发人员转型为AI产品经理后，将产品设计方法运用于AI模型优化中，同时通过用户反馈调整优化思路，最终在项目上线后获得了出色的用户数据，进一步巩固了自己的职业价值。

关键启示：职业经验从不归零，只需重新解构

- **通用能力是转行的基础**：如项目管理、沟通表达，这些能力往往比专业技能更有迁移价值。
- **思维模式是独特优势**：如成本意识、复盘能力，这些软技能在新行业中可能成为你的加分项。
- **新旧技能连接点是关键**：善于发现看似不相关领域之间的能力交集，才能让职业转型更顺畅。
- **不断学习与优化**：转型不是一蹴而就的，而是一个动态调整的过程。

职业经验从不归零，只有迁移与重构；用已有的积累去搭建新行业的桥梁，你的职业价值将更加鲜活而独特。

五、从经验到成果：用案例和数据证明你的能力（扩展版）

大多数职场人都曾有过这样的经历：每天忙到深夜，日复一日地埋头干活，却在关键时刻发现自己"毫无成就可谈"。领导、面试官或合作伙伴想看"你到底做了什么、带来什么价值"时，你只能含糊应付，或抛出一些模糊的概念，最后在竞争中败下阵来。

这种情况的根源在于，我们对工作成果缺乏数据化呈现，对能力成长缺乏系统的思考和总结。

下面我将以更完整、更详细的方式，结合一个真实案例和多种职场应用场景，阐述如何把"勤奋"转化为"看得见的价值"，并通过What-Why-How-Show模型与"项目维度+个人能力维度"的框架，帮助你在**职级申报**、**转行面试**、**项目复盘**等场景中赢得主动权。

（一）从故事说起：他被迫辞职，却找不到原因

一天下午，一位神情焦急的小伙子来找我做职业咨询。他在一家中型企业做了两年产品经理，近期却被领导告知"绩效垫底"，公司希望他主动辞职。他十分委屈：

- "我天天加班到夜里九点多，怎么就没贡献了？"
- "这两年用户明明有增长，领导为啥看不到我的价值？"
- "是不是领导压根看我不顺眼，找理由把我赶走？"

我安抚了他，让他先冷静："你能明确说出自己这两年做了哪些核心项目，取得了哪些具体成果吗？有拿得出手的数据或案例吗？"他的答案却很模糊：

- "就做了些日常的需求管理和开发沟通啊……加班很辛苦……"
- "好像也上线了几个功能，但没特别的数字来证明……"

在与他进一步交流后，我发现他确实在项目里付出了不少努力，但一直没进行过系统的复盘与记录，更没有用数据或关键案例来证明自己的贡献。领导又怎么可能"凭感觉"给他加薪或晋升？

这种现象在职场中并不罕见：不少人埋头苦干，却从不进行成果展示或数据化呈现，导致努力与回报严重不匹配。如果领导缺乏足够耐心或沟通，你就会变成"被动淘汰"的对象。

（二）为什么要将经验转化为成果

1. 在进行职级申报时

- 很多企业都会要求员工定期进行职级申报，需要提交绩效成果、项目亮点等。如果你平时只顾忙碌，缺乏对成果的量化和整理，最后只能在申报材料里写些抽象描述，"协助完成××项目""负责日常管理"等，很难打动评审人或上级领导。

- 相反，如果你能拿出具体的数据和案例，比如："本季度负责××项目，实现10万用户增长，成本下降10%，并将Bug总数从50个降至15个"，就能迅速抓住评委眼球，大大提高晋升通过率。

2. 在转行面试时

- 面试官通常会问："你在上一家公司负责了哪些具体项目？带来了什么成果？"如果你只会说"我很勤奋"或"我曾做过很多工作"，却无法提供量化数字或核心案例，那么面试官不会冒险选择你。

- 若能清晰阐述："在过去一年里，我完成了××项目的立项与实施，并在两个月内把获客成本从100元降低到80元，ROI提升30%。"面试官会觉得你不仅能干活，还懂得控制指标、优化成果，可迁移价值更高。

3. **在项目总结、跨部门协作时**

- 跨部门协作中,若你能用数据与成效来展示自己部门的贡献,会加深彼此的理解与信任。有些人只是不断催对方"赶紧完成需求",却从不拿出成果或下阶段计划,让合作伙伴对其专业度产生怀疑。

- 定期展示事实与数字,不仅能帮助你获得对方尊重,还能在不经意间提升影响力,甚至为后续部门资源争取埋下伏笔。

(三)什么是"项目维度+个人能力维度"总结法

我常建议大家从**项目维度**和**个人能力维度**两方面来梳理工作成果。

1. 项目维度:证明你"做成了什么"

(1)项目成效

- 用数据或案例说明,比如用户数、营收、留存率、完成时间、项目质量等。

- 哪些数字最能体现项目成功与否?举个例子,比如产品经理的项目成效可能是:通过重新设计产品功能,成功实现用户增长××万人,用户活跃度提升××%,产品留存率提高××个百分点。市场运营经理的项目成效可能是:通过优化营销渠道,获客成本降低×%,同时用户生命周期价值(LTV)提升××%,项目整体ROI达到××。开发工程师的项目成效是:采用新技术框架,开发效率提升××%,项目提前×天上线,同时代码质量显著提升,Bug数量减少××%。

（2）关键决策与影响

- 你在项目过程中做过哪些重要决策？为何这样做决策？结果如何？

- 举例：在新功能测试阶段，你选择了A/B测试策略，从而让整体留存率提升到40%。这些具体举动是如何影响最后的结果的？

（3）收获与改进

- 项目结束后，你学到了哪些方法？吸取了哪些对今后有帮助的经验、教训？

- 如果有失败或遗憾，也要写明你如何进行复盘、下次会怎样规避或优化。

案例：

那位小伙子曾在公司里负责一个新产品的MVP版本，第一版上线后留存率低至20%，用户大量流失。他在两周内紧急做了用户访谈，发现核心问题是注册流程过长。于是，他和开发团队决定简化注册步骤，并增设第三方登录功能。结果第二版上线后，次日留存率飙升至45%。这里：

- "45%留存率"是项目成效。

- "简化注册+第三方登录"是关键决策。

- "用户访谈+数据分析"是支撑决策的核心动作。

最终，他总结了"产品要快速响应用户痛点，精简流程提升留存"的方法论。

这就是**真实而完整**的项目维度总结。

2. 个人能力维度：证明你"强化了什么能力"

（1）通用能力（跨行业可用）

- 如项目管理、数据分析、沟通表达、团队协作、演讲汇报等。
- 你可以列举具体场景："通过多次与开发、设计、测试的跨部门会议沟通，我学会如何在短时间内协调资源，并让各方理解需求优先级。"

（2）专业能力（岗位或行业特定）

- 如"我在硬件产品研发中，掌握了成本优化方法，对BOM表非常熟悉"；或"在运营岗，我熟练掌握用户分层、活动策划、渠道推广等"。
- 强调你在本专业内的实操经验与成果。例如，"我做过3次电商大促活动，最高ROI达到1:5，累计拉新50万用户"。这能直观体现你的专业水平。

（3）思维模式（一种工作方法或态度）

- 诸如"成本意识""增长黑客思维""复盘迭代习惯"等，往往是领导或面试官最欣赏的能力，因为这意味着你能独立思考并提出改进或创新。
- 强调你如何在工作中体现这种思维模式："我在每次项目上线后，都进行复盘会，整理关键数据指标，并形成下次迭代计划。这样减少了盲目加班，提升了团队效率。"

案例：

小伙子在两年里，不仅完成了几个项目，也在团队协作、数据分析上有显著提升。过去他对Excel都一知半解，现在能搭建数据表格，做基本透视和可视化报告；过去只会被动执行开发需求，现在会提前思考产品盈利点和用户留存。

这些能力一旦被清晰写出，领导与HR看过后就知道：这个人不只是做"表面工作"，还有实际的能力沉淀。

最后，那位"被劝退"的小伙子，在经过深入梳理后，拿着一份全新总结去和领导复盘。这份总结不仅包含了**具体项目增长、用户留存等数字**，还列出了他在运营策略、产品优化上做的关键决策，并标明了未来的改进方案。领导看完这份数据与案例后，才意识到他并非"无所作为"，只是平时缺乏和领导的沟通与展示自我。

最终，这个小伙子并没有离开公司，反而得到一次调岗机会，让他加入一个更具潜力的新产品线做核心产品经理。领导在会议上也坦言："如果早知道你有这么多具体成果，我们就不会这么判断了！"这不仅让他保住饭碗，也让他在后续晋升中更具底气。

（四）如何提炼个人经历中的亮点并有效展示

1. 用What-Why-How-Show模型，让成果呈现更具说服力

当你厘清项目与个人能力后，就需要一个"呈现框架"来输出，让他人快速理解你做了什么、凭什么有价值。我常推荐如下图所示的职业能力提取**What-Why-How-Show**模型：

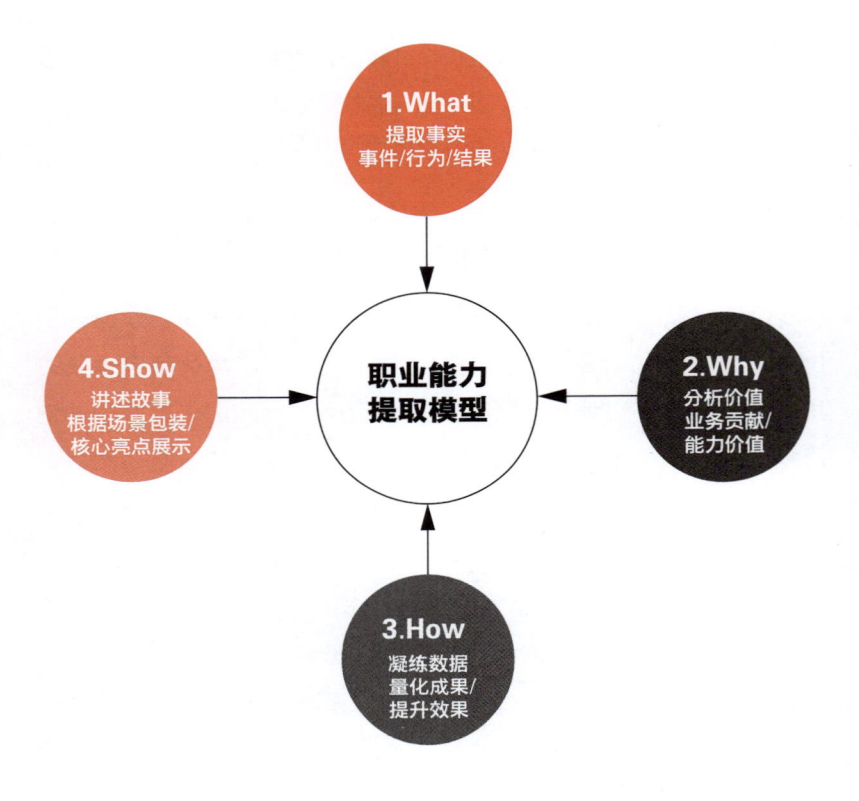

```
         1.What
       提取事实
      事件/行为/结果

4.Show                        2.Why
讲述故事      职业能力          分析价值
根据场景包装/  提取模型         业务贡献/
核心亮点展示                    能力价值

         3.How
       凝练数据
      量化成果/
       提升效果
```

（1）What：提取事实

- **事件**：你做了哪个项目？上线了哪些功能？
- **行为**：你具体采取了哪些举措？哪些关键节点？
- **结果**：项目指标如何变化（如留存率、付费率、Bug数量）？

（2）Why：分析价值

- **业务贡献**：这一结果对公司业务意义何在？是节省成本，还是增加收入？

- **能力价值**：这些成果能反映你哪些能力？如"快速响应市场变化"或"精准拿捏用户需求"。

（3）How：凝练数据

- **量化成果**：投入产出比、ROI、具体数字对比上线前后情况。

- **提升效果**：例如"提升转化率15%""降低投诉率30%"等。给出具体对比信息，让人感受到"变化幅度"。

（4）Show：讲述故事

- **根据场景包装**：在面试中，你可以突出在困境中如何扭转局面；在公司内部汇报时，你可以强调团队协同。

- **核心亮点展示**：不要在细节里迷失，要突出最能证明你价值的部分。比如"我对成本控制做了关键决策，直接帮助公司节约10万元"。

场景应用：

- **职级申报**：把自己近一年的项目，用What-Why-How-Show方式做成一份精简但有力的报告，提交给评审，提升通过率。

- **转行面试**：面试官通常想看你在原行业积累了哪些可复用能力。通过事实（What）+价值（Why）+数据（How）+故事（Show），让对方信服你的能力。

- **项目总结**：在进行跨部门沟通时，这套模型也能帮助你用更直观的形式向合作伙伴或领导展示成果，让他们迅速抓住重点。

2. 让成果落地：从"老黄牛"到"不可或缺"的分水岭

"老黄牛"的典型特征是加班辛苦，却说不出业绩和贡献。这样的人往往在企业中被当作"螺丝钉"，可随时找人顶替；而那些会通过数据与案例展示自己实力的人，更易获得上级青睐，被视为核心骨干。**这就是你的职业身份从"老黄牛"变成"不可或缺"的分水岭。**

下面给出一些小提示。

- **持续记录**：别等到年终或面试前再匆忙翻找记录。平时就养成阶段性总结的习惯，在每个项目结束后做一页PPT或文档，记录相关指标和心得。
- **定期分享**：有些企业会提供内部分享会或项目复盘会。积极参与可以让更多同事了解你的价值，你也能收获反馈。
- **抓住关键指标**：不要罗列所有指标，让人眼花缭乱。找3~5个最能体现你所做工作的KPI或关键数据。

所以可以得出以下结论。

（1）**忙不代表有效产出**：必须用数据和案例证明，才能让他人看到你的努力所在。

（2）**多场景应用**：无论是年底绩效、职级申报、跨部门沟通、转行面试，都可以用"项目维度+个人能力+企业价值"来展示。

（3）**持续建设个人品牌**：你定期展示结果，就会形成"个人品牌积累"，公司内外都能感受到你的专业与贡献。

（4）**任何时候都不晚**：即使已经工作多年没有养成总结的习

惯，也可以从现在开始，不断练习复盘与呈现，这些训练一定会带来回报。

努力本身不会说话，数据与案例才是最好的传声筒。当你用成果和价值证明自己时，勤奋才会绽放真正的光芒。

（五）打造可视化的职场成果清单

在职场中，很多场景下都需要我们通过一个清晰、简洁、直观的成果清单来展示个人能力和工作成果。无论是晋升、跳槽，还是团队汇报、项目复盘，我们都需要让他人看到我们所做工作的成效，并能通过数字和案例让人迅速感受到我们的价值。这不仅仅是对数据的罗列，更是展示"行动"和"成果"的过程。

让我们来逐一看看在不同职场场景中，如何运用What-Why-How-Show模型来创建一个清晰的职场成果清单，并通过几个实际案例来进一步说明如何在各个场景中高效展示自己的能力。

1. 个人发展场景：展示自己"可见"的能力与成效

在个人发展的过程中，无论是晋升述职、年度考核，还是跳槽面试，展示清晰且有力的成果都是必需的。没有可视化的成果清单，你的努力就像"空气"一样，无人可见。

（1）晋升述职时：展示个人能力提升与业绩贡献

晋升述职是你展示自己过去的工作成效的机会，也是向公司或上级证明你的能力的重要时刻。在述职时，你需要通过清晰的数据和具体的案例，来证明自己在工作中的成绩，以及个人能力的提升。

职场成果清单模板（晋升述职）：

- What（事件）
  - 成果总结：列举过去一年内或一个季度内的主要成就。
  - 例如："负责××项目的整体规划与实施，项目完成后用户增长30%，营收提升20%。"

- Why（价值分析）
  - 你为团队或公司创造了什么价值？为什么说这些成果很重要？
  - 例如："通过优化客户引导流程，成功提升了用户留存率，这为公司带来了长期稳定的收入增长。"

- How（量化成果）
  - 具体数字或指标支持你的成果。
  - 例如："用户从100万增长到130万，用户留存率提高至45%，获客成本降低20%。"

- Show（呈现亮点）
  - 用案例、数据图表等可视化工具突出你在项目中的亮点。
  - 例如"通过下图展示的A/B测试结果，我们成功找到了最优的用户路径，用户留存率从32%提升至45%"。

案例：

小王在晋升述职时，通过"What-Why-How-Show"模型，成功展示了自己在过去一年里的业务贡献。在营销项目中，他设计的用户转化路径优化，让用户增长率达到40%。他用数据和图表呈现自己的成绩，领导对他从"技术型"向"商业型"转型的能力表示认可,最终给予了晋升机会。

(2)年度考核:呈现全年工作成果与重点项目完成情况

在年度考核中,你需要总结全年工作,展示个人贡献,尤其是重点项目的完成情况。这个成果清单不仅要反映工作成果,还要有清晰的项目进度、目标完成度等内容。

职场成果清单模板(年度考核)如下。

- What(事件)
  - 总结全年项目与任务的完成情况。
  - 例如"我负责的××项目从启动到上线的周期为6个月,成功上线并且超额完成营收目标"。

- Why(价值分析)
  - 这些项目为公司或团队带来哪些具体的影响。
  - 例如"此项目不仅带来了营收增长,还成功打入了新的市场,使公司在竞争激烈的市场中占据一席之地"。

- How(量化成果)
  - 使用数据量化工作成果,确保成果清晰可见。
  - 例如"项目营收从500万元增长到800万元,客户满意度提升至90%以上"。

- Show(呈现亮点)
  - 用图表或数据展示项目的亮点或关键节点。
  - 例如"下图展示了项目的进展阶段与最终结果,表明我们成功克服了项目过程中遇到的主要瓶颈"。

案例：

在进行年度考核时，小李通过展示几个关键项目的数据，明确了自己在团队中的价值。他通过项目成功推出新产品，超额完成了业绩指标。领导对他的成果评价很高，他最终得到了加薪与升职的机会。

（3）跳槽面试时：展示有说服力的项目经历与数据支持

跳槽面试时，面试官通常最关心的是你过去的经验和你为前公司带来了哪些价值。你需要通过清晰的成果清单，来证明自己是值得信赖的潜力股。

职场成果清单模板（跳槽面试）如下。

- **What（事件）**
  - 清晰地列出你曾负责的核心项目。
  - 例如"我主导的××项目在6个月内上线，完成了预期目标，并成功吸引了200万用户"。

- **Why（价值分析）**
  - 你在项目中承担了哪些责任，做出了哪些关键决策？
  - 例如"通过重新优化用户引导流程，成功提升了用户留存率，并降低了20%的获客成本"。

- **How（量化成果）**
  - 用具体的数据、KPI等来支持你的成果。
  - 例如"次日留存率从30%提升至45%，并且营销成本下降20%"。

- Show（呈现亮点）
    - 强调你如何用数据和案例解决实际问题。
    - 例如"通过以下表格展示我们A/B测试的具体数据结果，这也证明了我的决策是正确的"。

案例：

小赵在跳槽面试时，利用清晰的数据展示了自己在过去产品中的成功经历，吸引了新公司的青睐，并成功转型到他心仪的岗位。

2. 团队管理场景：清晰展示团队的整体贡献与发展

作为团队的核心成员或管理者，展示团队的整体表现及自己的管理能力是必需的。在团队管理中，通过可视化的成果清单，展示你如何带领团队高效协作、推动目标实现。

（1）团队业绩汇报：清晰的数据可视化

当你负责团队业绩汇报时，需要通过数据和图表直观展示团队成果，以及你在其中的关键作用。

职场成果清单模板（团队汇报）如下。

- What（事件）
    - 展示团队的整体目标和达成情况。
    - 例如"本季度团队目标是拉10万新用户，实际完成了12万用户"。

- Why（价值分析）
  - 你如何管理团队、合理分配任务，让团队在短时间内完成目标。
  - 例如"通过调整团队的任务优先级，并进行数据驱动的用户引导，成功提升了团队效率"。
- How（量化成果）
  - 使用数据支持成果，并与团队成员进行对比。
  - 例如"团队成员单月用户增长率由原来的8%提升至12%，整体效率提高50%"。
- Show（呈现亮点）
  - 强调你作为团队管理者如何提供战略性支持。
  - 例如"以下表格展示了每个成员的具体贡献和项目进展"。

案例：

小王在做团队汇报时，利用数据清晰地展示了团队成员的贡献，并通过表格和图表显示了不同任务的达成情况。领导看完后对他的管理能力做出了高度评价，决定将他提拔为团队负责人。

3. 项目管理场景：全面呈现项目目标达成情况与优化过程

在项目管理过程中，你需要清晰地展示项目的目标、进展、风险及最终成果。

（1）项目复盘：目标达成情况与过程优化

在项目结束后，通过复盘总结，厘清目标是否完成、过程是否高效、哪些环节可优化。

职场成果清单模板（项目复盘）如下。

- What（事件）
  - 总结项目目标和具体实施方案。
  - 例如"我们的目标是将获客成本降至50元以内，实际上将其降至45元"。

- Why（价值分析）
  - 分析项目的成功点和失败点，找出原因。
  - 例如"通过对用户行为数据的分析，我们发现某个渠道的转化效果低，便及时优化广告投放渠道"。

- How（量化成果）
  - 使用数据和图表量化项目成效。
  - 例如"通过以下图表对比，展示了我们从原始方案到优化方案的成本变化"。

- Show（呈现亮点）
  - 通过总结经验教训，明确未来优化方向。
  - 例如"通过总结复盘，我们决定未来在产品上线前进行多次小规模测试，避免一次性上线带来的高风险"。

案例：

小李在项目复盘会上，通过数据对比、用户反馈分析等呈现了项目的具体成果，并清晰总结出优化点，提出了更高效的改进方案。团队成员都认为他的复盘非常有价值，为下一个项目的成功奠定了基础。

4. 对外展示场景：有效展示自身价值与经验

职场中不仅要在内部展示你的价值，在对外的客户汇报或行业分享时，展示你的专业能力和解决问题的思维也非常重要。通过清晰的成果清单，你能让客户和行业同仁更快地理解你的贡献与价值，从而树立起自己的行业地位。

（1）向客户汇报：突出价值创造与问题解决能力

当你向客户汇报时，客户最关心的是你的解决方案能为他们带来哪些价值，解决哪些实际问题。这里的职场成果清单，不仅要展示你为客户创造的价值，还要突出你在过程中所做的关键决策和优化。

职场成果清单模板（客户汇报）如下。

- What（事件）
  - 展示你为客户提供的产品或服务，以及客户需求的解决方案。
  - 例如"为××公司提供了定制化的CRM系统，帮助其提高了客户转化率"。

- Why（价值分析）
  - 你所提供的解决方案如何具体满足客户的需求，解决他们的痛点。
  - 例如"该CRM系统成功整合了客户信息，并通过数据分析功能提升了客户服务效率，使客户转化率提升20%"。

- How（量化成果）
  - 用数据和图表展示成果的具体效果。

- 例如"在3个月内，客户转化率从15%提升至20%，客户留存率提高至85%"。

- **Show（呈现亮点）**
  - 强调你如何提供创新性解决方案，并引导客户走向成功。
  - 例如"通过以下数据展示，客户可以看到我们的CRM系统在过去几个月内如何帮助其大幅提高销售转化率"。

案例：

小张在向客户汇报时，用清晰的图表展示了自己为客户定制的CRM系统如何帮助他们提高了销售转化率。他不仅用数据说话，还通过案例分析清晰阐述了他解决客户痛点的思维过程，客户对他的专业性和解决问题能力非常认可，最终签署了合同。

（2）在行业分享时：提炼出可复制的经验与方法论

在进行行业分享时，你的目标不仅仅是展示自己的成绩，还要把自己的经验总结提炼出来，成为其他同行能够借鉴的实践方法论。这不仅能够帮助你树立行业权威，还能帮你积累声誉。

职场成果清单模板（行业分享）：

- **What（事件）**
  - 你分享的核心实践或经验是什么？
  - 例如"我曾参与过一家互联网企业的B2B平台转型，成功将平台用户增加了40%"。

- **Why（价值分析）**
  - 你的实践经验是如何解决行业痛点的？为什么这一经验值得分享？

- - 例如"我们通过精准的市场分析和用户画像，重新定义了平台的产品功能，提高了用户黏性和转化率"。

- How（量化成果）
  - 用数据展示你分享的经验带来的实际效果。
  - 例如"通过平台的功能优化，将用户转化率提升了30%，月活跃用户从原来的50万增加至70万"。

- Show（呈现亮点）
  - 强调经验的可复制性，突出亮点。
  - 例如"这套方法不仅适用于B2B平台，对于其他互联网行业也能有类似效果，接下来我将展示我们在执行过程中遇到的难点和应对策略"。

案例：

小赵在一次行业大会上分享了自己在B2B转型中的经验，他不仅清晰地展示了转型过程中遇到的挑战，还通过数据和实践案例展现了自己的解决方案和成果。结果，他得到了同行的高度评价，并且吸引了不少企业咨询，希望与他进行更多的合作。

5. 如何构建职场成果清单：用What-Why-How-Show模型提升展示力

通过上面的案例和场景，我们可以看出，职场成果清单并不仅仅是对数据的简单罗列，而是要有目的、有结构地展示你的成果、思考与能力。**What-Why-How-Show模型**正是让你能高效呈现工作成果的有力工具，帮助你在职场中建立个人品牌，提升自己在任何场合中的影响力。

- What：提取事实
  - 梳理具体事件，找到关键点。无论是项目、任务还是工作成果，都要明确展示其背景、目标及最终成果。
  - 目标：让别人第一时间了解你的工作任务和成果。
- Why：分析价值
  - 明确工作对企业、客户或团队的贡献。你要解释为什么这些事情重要，它们是如何为公司创造价值的。
  - 目标：让别人感受到你的工作是如何推动公司发展、改善现状或解决问题的。
- How：凝练成果
  - 量化工作成果，展示你在工作中的提升效果。数据是最有说服力的证据，要通过数字、对比、趋势图等方式来量化。
  - 目标：通过数据展示你的工作成效，进一步证明你的贡献。
- Show：讲述故事
  - 用生动的语言、故事和场景包装成果，突出你在工作中做出的创新或关键决策。
  - 目标：让你的成果更具吸引力和说服力，能够让人一目了然并且深刻记住。

职场的成功，不仅仅是努力的积累，更是成果的清晰展现。通过数据、案例和思维方式，你能让别人看到你过去的价值，并且为未来打开更多机会的大门。

第3章
第三桶燃料——职场资源与人脉

在职场中仅靠个人能力与专业知识往往难以突破天花板。就像汽车需要第三桶燃料才能完成更长的旅程,我们的职业发展同样需要优质的职场资源与人脉作为强大后盾。

一个人的能力决定了你能走多快,而你的职场资源与人脉则决定了你能走多远、能攀登多高。那些看似偶然的职场机遇,背后往往隐藏着资源、人脉的强大力量。

一个惊心动魄的融资故事

2011年,王兴面临着美团发展的巨大挑战。当时,美团并没有像其他竞争对手一样参与激烈的广告大战,尽管竞争对手团宝网、糯米网和大众点评等企业都在中央电视台、湖南卫视以及全国地铁等渠道投放巨额广告,试图抢占市场份额。而美团,却是没有参与这场广告"烧钱"战的企业,因此面临着巨大的压力。

面对这一竞争,王兴并没有感到慌张,因为他依靠的不仅仅是自己团队的执行力,还有他背后强大的人脉网络。

就在那时,王兴与阿里巴巴前总裁关明生进行了深度沟通,并得到了关明生的宝贵建议:"**面向商家的品牌广告是无效的,在商家端投放更多的广告都不如有执行力的线下队伍。**"

这句话让王兴与美团团队醍醐灌顶,重新审视了自己的商业模式。

关明生的这番话直接影响了美团之后的决策:不依赖"烧钱"的广告,而是专注于线下团队的执行力和用户口碑的积累。这一决策最终帮助美团成功度过了最艰难的时刻。

这也证明了一条职场真理:**在人生和职场的关键时刻,人脉就是你最强大的生命线。**

职场中的人脉传奇

1. 创业路上的贵人相助

创业的路上,能否获得贵人的帮助,往往决定了一个企业的成败。许多成功的企业背后都有那些在关键时刻给予支持的"贵人",他们通过提供资金、建议,帮助创业者跨过了一个又一个难关。

马云与18罗汉的故事:从杭州师范学院到阿里巴巴的信任接力

马云从杭州师范学院毕业后,凭借其独特的远见和商业头脑创办了阿里巴巴。在阿里巴巴的创业早期,马云身边的18位"罗汉"(即阿里巴巴集团初创时期的核心团队成员)起到了至关重要的作用。这些人不仅为阿里巴巴提供了资金和资源,更重要的是,他们在马云的商业决策中提供了巨大的支持。正是因为这些"罗汉"的信任与支持,阿里巴巴才能从初创期的困境中走出。

马云深知人脉对企业发展的重要性,他常常和这些"罗汉"

一起讨论战略，并通过他们的人脉资源迅速拓展阿里巴巴的影响力。**这些罗汉不仅仅是商业上的合作伙伴，更是阿里巴巴早期成功的关键推手。**

马化腾与张志东的室友情：从深圳大学宿舍到腾讯帝国的创业基石

马化腾和张志东的友情，从深圳大学宿舍开始。两人自大学时代便建立了深厚的友谊，毕业后携手创业，最终共同创办了腾讯。张志东不仅在技术方面给予马化腾极大的支持，还在腾讯的早期阶段，为公司引入了大量的投资和资源。

在腾讯创业初期，张志东的技术能力和市场敏锐度为腾讯的崛起打下了基础，而马化腾则凭借出色的管理能力推动腾讯走向商业化。**正是这段深厚的友谊，成就了腾讯帝国的崛起，也让马化腾在职场中拥有了强大的人脉资源。**

张一鸣与南开帮：从校园BBS到字节跳动的人才纽带

张一鸣，字节跳动的创始人，早年在南开大学时便结识了一群志同道合的朋友，这些人被称为"南开帮"。他们不仅在张一鸣的创业过程中提供了技术支持，还在字节跳动的早期阶段帮助公司积累了大量的资源。这些朋友的支持，帮助张一鸣早期稳定融资，解决了许多技术和市场推广的难题。

"南开帮"在字节跳动的成功背后，发挥了巨大的作用。**他们不仅提供了资源和资金，更重要的是，提供了广泛的行业人脉和社会资源**，成为字节跳动迅速扩张的重要推手。

2. 职场转折点的贵人扶持

职场中的贵人不仅仅出现在创业路上，也在我们的职业转折点提供至关重要的支持，帮助我们突破职业瓶颈，走向成功。

任正非与孟晚舟：父女档如何带领华为走向国际化

任正非在华为的成功，不仅仅依赖于自己的智慧和决策，更离不开他与女儿孟晚舟的默契配合。在华为走向国际化的过程中，孟晚舟起到了关键性的作用。她凭借优秀的商业能力和丰富的国际经验，帮助华为打破了国有企业的局限，顺利打开了国际市场的大门。

孟晚舟不仅通过人脉资源为华为引入了大量的海外投资，还通过她与国际供应商的良好关系，帮助华为克服了许多海外市场的障碍。**父女档的强强联手，成为华为走向全球的强大推动力。**

雷军的互联网圈：从金山到小米，成功背后的朋友圈力量

雷军的成功离不开他背后庞大的互联网圈人脉的支持。从金山到小米，雷军一直在不断地拓展自己的朋友圈。在小米的创业过程中，雷军通过与刘德云、创业团队其他人员的深厚友谊，成功融资和扩展市场。**这些朋友不仅帮助他解决了公司初创时期的资金问题，还通过资源共享推动了小米的快速发展。**

雷军非常清楚人脉对于创业的意义，正是因为他能够在关键时刻借助朋友圈的力量，小米才能够在短短几年内成为互联网行业的领先者。

董明珠与格力：如何用过人的社交智慧完成权力交接

董明珠在格力的成功，不仅仅依靠其管理能力，更重要的是她以过人的社交智慧，完成了格力的权力交接。早年，她通过与格力创始人朱江洪的深厚合作，迅速提升了自己的职场地位。

在担任格力总裁后，董明珠通过与政府、企业和金融机构的良好关系，推动了格力的市场扩展。**她的社交智慧让她在企业管理中取得了巨大成功，也帮助她顺利完成了与朱江洪的交接工作。**

人脉的四大核心价值

在人脉网络中，最具价值的不是单纯的关系，而是能够为我们带来切实帮助的资源和信息。以下是人脉在职场中的四大核心价值。

1. 信息价值

李先生是一位资深行业经理，某天，他接到了一位猎头朋友的电话，提醒他有一个岗位非常适合他。但猎头进一步告诉他，这家公司可能正面临着财务困境，可能在短期内破产。李先生迅速放弃了这个机会，避免了加入一家将要破产的公司。

分析：优质的人脉不仅能帮助你获取职业机会，还能让你规避那些可能带来职业风险的信息。通过与行业内的朋友、前辈保持联系，你可以及时了解到公司的动态和行业变化，为自己的职业决策提供支持。

2. 机会价值

张女士通过校友会认识了一位合作伙伴。经过多次沟通，她与这位合作伙伴共同开辟了一个新项目，最终达成了过亿元的大单。这不仅为她带来了丰厚的回报，也帮助她进入了更高层次的商业圈。

分析：通过建立广泛的社交网络，人脉不仅可以帮助你获取有价值的信息，还能为你带来更多的机会。在职场中，机会常常通过人脉得以实现，突破原本的局限，为事业发展开辟新的天地。

3. 资源价值

王先生曾在一家知名企业担任高管，然而由于公司业务调整，他在一次大规模裁员中被迫离职。面对突如其来的失业，王先生并没有慌张。他通过多年的积累，已经建立了广泛的人脉网络，尤其是与同行业的几位资深专家关系紧密。通过这些朋友的帮助，他得以接触到多个有潜力的创业项目。

最终，王先生与这几位朋友共同创办了一家新兴企业。依靠他们之前在行业内积累的经验与资源，包括技术支持、资金筹集和市场渠道，他们迅速在竞争激烈的市场中占据了一席之地。在短短两年内，公司的业务从零开始，快速发展壮大，成功突破了原有的职场瓶颈，开启了职业发展的第二增长曲线。

分析：在王先生的例子中，他的职业转折并非偶然，而是通过多年来积累的资源与人脉网络，寻找到了重新起步的机会。无论是资金支持、技术资源还是市场渠道，强大的人脉网络能为你提供源源不断的支持，帮助你度过事业低谷期，甚至开启新的职业篇章。

4. 信任价值

刘先生是某供应链公司的负责人，在疫情期间，由于全球物流中断，他的供应链面临巨大压力。凭借多年的供应商关系，他成功保障了公司在困难时期的供应链稳定，避免了生产停滞。

分析：人脉的价值不仅仅体现在信息和资源的共享上，还在于**信任的积累**。长期的信任关系让你在关键时刻能够得到他人的支持与帮助，这种信任对于职场发展至关重要。

在人脉网络中，建立真正互信的关系，比任何资源和机会都来得更为宝贵。职场不是孤军奋战，而是携手同行，在彼此的支持和帮助下，共同成长。

一、职业成长中的关系管理三大圈层

职场中的一段令人惊心动魄的转折

有时候，职场中的一次突如其来的转折，足以让人重新审视自己的人脉关系网络和它带来的巨大价值。

几年前，我有一位学员小刘，她是某知名互联网公司的一名产品经理，在公司工作了近三年，表现一直非常出色，升职加薪的机会也已经提上了日程。但就在小刘以为自己即将迎来职场巅峰时，一场突如其来的公司调整彻底打乱了她的计划。

由于公司战略的变化，许多人面临着岗位调整，而她也不幸被通知面临岗位变动和降薪的风险。小刘感到非常困惑，心情低落。毕竟，在这个岗位上她已经全身心投入了三年，所有的努力仿佛都要付诸东流。

她向我求助时，我问她："你能清晰地告诉我，你和公司高层以及跨部门领导之间的关系如何吗？"小刘的回答让我感到震惊："我一直和团队成员很好，也和直属领导保持了较好的沟通，但是和其他部门的同事，我们的关系并没有特别紧密。尤其是公司高层领导，我并不太了解他们的决策思路。"

这时，我意识到，职场中最宝贵的财富并不完全是能力，而是你如何有效管理并利用自己的人脉关系。

让我们来看这个故事的后续：小刘在失业危机之后，通过几次偶然的机会，逐渐找到了之前一直忽视的跨部门合作机会，她主动联系了公司高层领导，并通过引荐成功进入了一个新部门，担任了一个更有挑战性的岗位。

最终，她不仅成功避免了降职的危机，还通过人脉和关系的有效链接，找到了一个比原岗位更具成长性的职务。她告诉我："原来，职场上人脉的作用竟然如此重要，它能在最危急的时刻为你打开一扇新的门。"

我们可以从这个故事得到启示：**职场中的人脉网络，不仅仅是用来"讨好"领导或者结交朋友，它更像是一张网，一张在你最需要帮助的时候，能够为你提供重要资源和机会的网**。因此，我们应该有意识地去经营每一层人脉，让它成为你职场发展的强大助力。

职场中不同的人脉圈层对你的职业发展有着不同的意义。我们可以将职场中的人脉划分为三大圈层：**核心圈、合作圈和外延圈**。每一层人脉都有其独特的作用，而你如何管理这些圈层，将直接决定你能在职场中走多远。

下面，我用结构图展示职场人脉的三大圈层，从内到外依次为核心圈、合作圈和外延圈，帮助大家理解如何战略性地构建和管理不同层级的职场关系网络。

外延圈
行业资源与潜在机会

行业专家　　　　　　　　社群资源

合作圈
同事与跨部门伙伴

项目同事　　　　　　跨部门伙伴

核心圈
导师与亲密协作者

导师　　密切合作者

（一）核心圈：导师与亲密协作者的关键角色

核心圈是你职业生涯中最重要的圈层。在这个圈层里的人，不仅是你职场道路上的引路人，还是你在关键时刻获得帮助的最大资源。

核心圈的成员通常是你的导师、老板、合伙人，甚至是那些在公司或行业内有重要决策权的人。

这些人能够在你遇到困境或迷茫时，为你提供方向与支持，帮助你跨越难关。

回想一下我在华为工作的经历，作为一名产品经理，几乎所有的成功项目都与我的核心圈密切相关。我在华为的导师是一位资深的产品高管,他不仅帮助我理解如何管理一个团队,如何制定产品策略,还在我职场的转型期为我提供了非常宝贵的建议。

在我转到公司战略规划岗位的过程中,正是这位导师通过其深厚的人脉为我争取到了更多的资源支持与项目机会。

一个非常关键的时刻让我深刻意识到核心圈的重要性。那时,我曾遇到一个非常棘手的项目问题,在本以为无法解决的情况下,我的导师主动为我打通了与另一部门领导的沟通渠道。

通过他的人脉,我们顺利地解决了问题,项目得以顺利进行。而且,这一事件也让我与那个部门的领导建立了深厚的联系,直接促进了我在公司内部的晋升。

分析:在职场中,核心圈往往决定了你能在多大程度上获得上层支持,能在关键时刻得到有效的资源。你要时刻牢记,核心圈不仅仅是帮助你解决眼前问题的"救星",更是在你面对职业选择和转型时,给你**提供方向**和**推动力**的源泉。

核心圈的经营:信任与价值的双向传递

与核心圈中的人保持长久而有效的关系,最重要的是建立**信任**和**价值交换**。你需要为他们提供实际帮助,同时也要在他们需要的时候,主动伸出援手。通过双方的互动和支持,建立深厚的信任,才能真正让核心圈的人脉成为你职业生涯中最强大的支撑。

(二)合作圈:同事与跨部门伙伴的协作效能

合作圈是你日常工作中的重要组成部分,尤其是跨部门的合作伙伴、团队成员、外部合作公司等。

这个圈层的人脉关系主要体现在**工作中的协作与共赢**,通过彼此的沟通与合作，能够让你更有效地完成工作任务，并在团队或公司的运作中获得更多的机会。

我曾经与一位同事合作，帮助公司完成了一个重大的市场拓展项目。我们的合作非常顺利，不仅因为我们的工作能力互补，还因为我们在合作过程中充分理解彼此的工作方式和沟通需求。

那时，我负责项目的整体战略规划和市场数据分析，而他负责具体的执行与跟进。通过每周的沟通与协作，我们有效地确保了项目的进度，并在最终的营销活动中取得了极好的效果。

这一项目的成功，不仅给公司带来了显著的市场份额增长，更为我和我的合作伙伴在公司内外树立了良好的工作形象，增强了我们之间的信任与默契。这个项目的顺利推进，不仅让我获得了更多项目管理的机会，还为我接下来的升职提供了基础。

分析：合作圈中的人脉关系更多是围绕你当前的工作任务展开的。无论是跨部门合作，还是与团队成员的协作，做到高效管理合作圈，能够帮助你提升工作效率，增加你在团队中的存在感，同时也为你的职业发展带来了更多机会。通过有效的协作，你不仅能够提升自己的专业能力，还能够在团队中建立起较强的影响力。

合作圈的经营：高效协作与共赢

在合作圈中，你要与团队成员保持开放的沟通和协作，尊重彼此的专业背景和工作方式，保证工作的顺利推进。通过共同的努力和协作，你能在团队中展示出色的专业能力和影响力，同时也能为自己的职业发展创造更多机会。

（三）外延圈：行业资源与潜在机会的连接

外延圈通常是由与你有共同兴趣爱好或行业资源的朋友、同行或外部资源提供者组成。这个圈层并不会直接参与你每天的工作，但它能够为你提供行业趋势、商业机会、社交圈子等外部支持。

外延圈是拓宽视野、增加潜在机会的重要资源。

几年前，我在一次行业大会上认识了一位来自投资公司的高管。当时我们只是简单地交流了几个行业见解，并交换了联系方式。

几个月后，他联系我说，他所在的公司正在寻找合适的合作伙伴，开展一项新的业务合作。这个机会最终帮助我的公司开辟了新的市场渠道，也为我个人的职业生涯打开了新的领域。

分析：外延圈中的人脉虽然不直接参与你的日常工作，但他们的资源、信息以及潜在的机会常常能在你最需要的时候，给你带来意想不到的帮助。在职场中，通过不断扩大和经营外延圈，你可以获得行业中的更多信息、商业机会和合作资源，从而为自己的职业生涯增加更多可能性。

外延圈的经营：定期互动与机会分享

外延圈需要通过定期的互动来保持联系。你可以通过参加行业活动、社交聚会，或者定期通过社交平台与外延圈的成员保持联系。通过分享有价值的行业见解和商业机会，你不仅能够帮助别人，还能获得他们的帮助和支持，从而为自己的职业发展增添更多的可能性。

职场成功的秘诀不只是能力和努力，更是你如何经营每一层人

脉圈。通过信任、合作与互惠互利的关系，你的每一圈人脉都会成为你在职场上最坚实的支撑。

二、打造你的职业品牌：成为资源的吸引者

2015年的一个夏日午后，我坐在华为深圳总部的办公室里，看着手机里女儿的照片发呆。孩子马上要到广州上小学了，而我，一个在华为打拼多年的产品经理，却还在深圳。两地分居的日子里，我将错过太多孩子成长的重要时刻。

就在我为这个困境发愁时，隔壁产品部门的老王敲响了我的办公室门。

"听说你在考虑回广州？"他神秘地笑着说，"我发小在广州开了一家科技公司，正在找产品负责人。你们要不要聊一聊？"

我有些意外，问道："为什么会推荐我？"

"你在华为这些年，我可是看在眼里。"老王说，"记得上次集团产品研讨会上，你做的关于用户体验的分享特别棒。而且你总是很耐心地帮新来的产品经理，连我们部门的人都经常去找你请教。这样的人，我推荐给朋友完全放心。"

正是这次推荐，让我顺利回到了广州，在新的平台上继续我的产品生涯。但我没想到的是，这仅仅是开始。

2021年的一天，我收到朋友小张的电话，他说："你不是一直在做产品经理培训吗？我们公司最近正需要产品团队内训，第一个就想到你了！"

"为什么会想到我？"我又一次好奇地问。

"开玩笑，谁不知道你在华为做了13年产品，从功能机到智能机，从App到SaaS产品，你那些实战经验可都是真金白银啊！记得你在朋友圈分享的那些产品方法论，我都收藏了。这种实战经验，比那些光说不练的讲师强太多了。"

这次机会不仅开启了我的培训事业，更让我找到了新的职业方向。但命运的转折还没有结束。

2020年，我创立的教育科技公司需要进行首轮融资。作为一个产品人，我对融资一窍不通。正在一筹莫展时，多年前在集团公司认识的老徐伸出了援手，他说："我认识一位专门投教育领域的投资人，要不要聊一聊？他们最近正好在关注教育科技方向。"

当我问及为什么愿意帮我引荐时，老徐说了一句让我印象深刻的话："在华为的时候，你总是毫无保留地分享经验，帮助他人。这样的人做事，让人放心。"

回首这些年的经历，我突然明白：**所谓的职业品牌，不是刻意营造出来的人设，而是日复一日的点滴累积**。是你在项目中交出的漂亮成绩单，是你在团队中展现的专业能力，是你毫无保留的经验分享，是你对新人真诚的帮助……这些看似普通的日常，正悄悄定义着你的职业价值。

反观那些每天准点下班，对新技术和业务视而不见，对同事求助爱答不理的年轻人，他们可能觉得自己很精明，没有吃亏。但他们不知道的是，在职场中最大的"亏"，就是失去了建立职业品牌的机会。因为职场中的机会，往往不是简单地投递简历就能得到的，而是通过他人口口相传的信任传递。

正如我的经历所证明的：**当你持续在某个领域做出成绩、乐于**

分享、真诚帮助他人时，机会自然会找上门。这就是职业品牌的力量。"

（一）如何让你的专业影响力被看见：专业、分享、赋能

P.I.M模型是我在对数百位职场人的辅导中，总结出的一个实用框架。P.I.M模型就像是职场定位的"GPS"，帮你找到专业影响力的最佳切入点。

P.I.M模型

P（Professional Depth）

- 体现在个人的专业技能水平
- 解决问题的能力
- 领域经验的积累

I（Interaction Scope）

- 从个人工作到团队协作
- 再到组织层面的影响
- 互动的广度和深度

M（Mastery Level）

- 自我专业提升
- 经验方法分享
- 最后达到赋能他人成长

P.I.M模型可以帮助职场人清晰定位自己的影响力发展阶段并找到提升的方向。

2023年年末,我在某互联网公司做完管理咨询后,人力资源总监拉着我说:"你一定要见见我们的王工程师!他太神奇了,短短一年时间,从一个默默无闻的后端开发,变成了整个技术部门最受欢迎的人。"

这引起了我的好奇。见面后,我发现王工程师其实是用了P.I.M模型中的路径,只是他自己可能都没意识到。

王工程师的成长轨迹完美诠释了P.I.M模型的应用:

	个人工作	团队协作	组织影响
P	A区域	B区域	C区域
I	D区域	E区域	F区域
M	G区域	H区域	I区域

第一阶段（A区域）：构建个人专业壁垒

他先深耕后端性能优化这个细分领域。每解决一个性能瓶颈,他都会写详细的技术文档,包括问题描述、解决思路、代码实现和优化效果。关键是,他的文档不是枯燥的技术堆砌,而是像讲故事一样生动、有趣。

"我记得有次系统响应变慢,我把排查过程写成了文档'一个SQL查询背后的灵魂博弈',用侦探破案的方式来写技术文档,没想到很多同事说看得欲罢不能。"王工程师笑着说。

第二阶段（D、E区域）：主动分享经验

他主动在团队周会上分享性能优化的经验。不同于常规的技术分享,他总会加入实际案例和趣味类比。比如他把数据库调优比作给汽车调校:"就像汽车需要定期保养一样,数据库也需要……"

令人印象深刻的是,他的分享总是聚焦于"实用性"。"与其讲一个完美的架构,不如解决一个真实的问题",这是他的分享理念。

第三阶段(H、I区域):系统化赋能

看到越来越多同事来请教问题,他萌生了一个想法:建立"性能优化军火库"。这是一个在线文档,收集了常见性能问题的解决方案,配有详细的代码示例和最佳实践。

"最有成就感的是,现在很多新人入职后,第一件事就是去看这个文档。有人告诉我,这份文档让他们少走了很多弯路。"

关键是,他在赋能过程中形成了独特的方法论:

1. 把复杂问题拆解成容易理解的小问题。

2. 用生动的类比让技术更易懂。

3. 提供可直接使用的工具和模板。

4. 建立反馈循环,持续优化内容。

从他的经历看,我们可以总结出专业影响力的三个层次:

- P:做精一个领域

- I:让专业价值被看见

- M:帮助他人成长

但最关键的是,这三个层次不是割裂的,而是有机结合的。就像王工程师所说:"真正的影响力不是刻意追求的,而是在解决问题、帮助他人的过程中自然形成的。"

一年后,当公司需要选拔技术委员会成员时,王工程师成为不

二人选。不是因为他的技术最强，而是因为他在每个阶段都表现出色。

这就是P.I.M模型告诉我们的核心启示：专业影响力不是靠一时的耀眼表现，而是需要在每个阶段持续积累。当你在某个专业领域深耕、乐于分享、善于赋能时，你的影响力就会像涟漪一样，持续扩大。

（二）职场IP塑造：在职场与社交媒体中传播你的专业价值

2024年初，我在某互联网公司做产品管理培训时，一位学员私下问我："老师，我看了你的短视频，几十万粉丝，看起来很轻松啊！我也想尝试……"

我笑着打开手机相册，翻到2012年的相册说："看，这是我最早写的产品复盘，当时就发在朋友圈，只有三个赞。"

"那您是怎么……？"

"这就是我要分享的主题：如何在职场中打造个人IP？"

职场IP塑造：从0到1的实战指南

1. 心态篇：开始很简单，坚持很难

记得我刚开始写作时，每周写一篇产品复盘，坚持了三个月后，同事小王对我说："写这些有什么用啊？又没人看。"

但我始终相信：复盘和分享本身就是一种能力训练。果然，半年后，当我们团队需要做项目方法论沉淀时，领导第一个想到了我："你不是一直在写产品复盘吗？来牵头做这个吧！"

实战建议：

- 给自己一年的时间坚持输出
- 不要过分关注数据,专注内容本身
- 把日常输出当作能力锻炼
- 从最小的事情开始,比如每周写一篇工作感悟

2. 定位篇:做真实的自己

我见过一个典型的反面案例:小张是一名产品经理,创建了微信公众号后,天天转发各种产品干货文章,毫无个人观点。三个月后,粉丝数停滞不前,他沮丧地问我原因。

我的建议是:"把你真实的工作状态展现出来。比如,你上周做需求评审时,为什么否决了那个看起来很好的功能?这个决策背后的思考才是你的价值所在。"

实战建议:

- 聚焦工作中的真实经历
- 分享决策背后的思考过程
- 不怕表达真实情绪
- 用故事化的方式呈现专业观点

3. 平台篇:选对赛道事半功倍

我的个人经验是先从最熟悉的平台开始。一开始我只在朋友圈写作,慢慢有了些经验后,才开始尝试在微信公众号写作。等到短视频兴起,我已经积累了大量案例和方法论,此时转换成视频内容就水到渠成了。

平台选择指南:

新手友好度排序: 小红书 > 微信公众号 > 哔哩哔哩 > 视频

号＞抖音

不同平台的内容偏好：

- 微信公众号：适合系统化的方法论输出。案例：我的"产品经理万能公式"系列，每篇3000字深度干货。
- 小红书：适合碎片化知识整理。案例：我的"产品经理面试高频问题TOP10"笔记。
- 哔哩哔哩：适合15分钟左右的教学内容。案例：我的"产品需求评审实战演练"视频课。
- 视频号：适合体系化知识传播。案例：我的"产品思维训练营"系列课。
- 抖音：适合观点输出。案例：我的"热点产品复盘60秒"系列。

4. 变现篇：影响力才是核心资产

记得当我写到第10篇微信公众号文章时，收到了一个意想不到的私信邀请："您好，看了您的文章，想请您来我们平台给产品经理做培训讲师……"

这让我明白：专业影响力的价值远超内容变现本身。

职场IP变现的"三级火箭"模型

在对数百位职场人的辅导过程中，我发现很多人一上来就想通过内容变现，这其实是本末倒置的。让我用"三级火箭"模型来诠释职场IP的正确打开方式：

第一级火箭：专业影响力积累期

核心目标：建立领域专家形象。

（1）内容矩阵搭建。

- 工作方法论：总结你独特的工作方式和解决问题的思路。
- 案例复盘：深度剖析项目成功或失败的关键因素。
- 行业洞察：对行业趋势和热点的独特见解。
- 工具模板：开发并分享提升效率的实用工具。

（2）影响力扩展路径。

- 企业内部：通过部门分享会、跨团队项目展示专业能力。
- 行业社群：积极参与专业社群讨论，提供有价值的观点。
- 自媒体平台：选择1～2个主力平台持续输出。
- 线下活动：参与行业论坛或沙龙，扩大圈层影响。

实战案例：我的一位学员是电商运营专家，她先是在公司内部创建了"电商运营手册"，后来该手册扩展成行业公开课，现在这名学员已经成为某电商平台的金牌讲师。

第二级火箭：商业价值转化期

核心目标：将影响力转化为实际机会。

（1）价值转化模型。

- 知识付费：在线课程、专栏、训练营。
- 咨询服务：一对一咨询、团队辅导。
- 企业培训：定制化培训方案。

- 顾问合作：长期顾问服务。

（2）商业机会培育。

- 建立个人IP矩阵：将不同平台的粉丝引导至私域。
- 设计服务产品包：从标准化到定制化的服务体系。
- 打造案例库：持续积累并更新成功案例。
- 建立口碑传播链：通过老客户介绍新客户。

实战案例：我的另一位学员是产品经理，通过持续分享产品思维和方法论，半年内接到了3个企业的长期顾问邀约，年收入提升了40%。

第三级火箭：规模化收益期

核心目标：构建可持续的收入体系。

（1）收入来源多元化。

- 平台广告：各大平台的流量分成。
- 品牌合作：行业相关品牌推广。
- 数字产品：电子书、课程包、工具包。
- 会员订阅：知识星球、私密社群。

（2）系统化运营。

- 内容生产流水线：建立内容创作团队。
- 商业模式升级：从个人IP到IP矩阵。
- 团队建设：培养助教、运营等核心团队。
- 品牌建设：打造个人品牌识别系统。

实战案例：一位人力资源专家通过这个模型，先后建立了线上课程体系、咨询顾问团队和会员社群，月收入突破50万元。

关键成功要素：

（1）循序渐进：不要跳级发展，每个阶段都要夯实基础。

（2）保持专注：聚焦自己最擅长的领域，避免东一榔头，西一棒槌。

（3）持续积累：把每一次分享、每一个案例都当作重要资产。

（4）价值先行：始终把为他人创造价值放在首位。

特别提醒：在这个过程中，最容易犯的错误是急功近利。记住，真正的职场IP是在为他人解决问题中自然建立的，而不是靠营销手段堆砌出来的。

就像我的经历：第一年专注于产品经理培训内容的沉淀；第二年开始接受企业咨询；第三年才开始考虑规模化发展。每一步都走得扎实，才能基业长青。

三、关键人脉的构建与维护

"所谓的人脉到底是什么？"

这个问题让我想起2009年的一个深夜。那时我还是职场新人，加班到凌晨两点，看着空荡荡的办公室，内心满是委屈：两年没涨薪，付出那么多努力，怎么就没人看见呢？

直到在去杭州出差的航班上，遇到了其他部门的张总。整个航程三个小时,我把这两年的困惑都倾诉出来:加班最勤快,主动承担额外工作,可为什么始终没有升职加薪的机会?

张总听完,放下手中的咖啡,说了一段让我醍醐灌顶的话:

"你要知道,职场上永远不是最努力的人拿到最大的报酬。你的绩效和你有没有被看见才是决定因素。这两年来,你一次都没有主动和直接主管沟通过你的思考和计划,也从来没有在部门内分享过你的见解和工作中的洞察。那么自然而然,你就是一个'小透明',当然只能跟着大部队吃大锅饭。"

这看似平常的一段对话,却彻底改变了我的职场轨迹。我开始明白,人脉不是靠刻意讨好,而是在不经意间的真诚互动中建立的。

人脉与职场困境

在我17年的职场生涯中,遇到过形形色色的人:有身价几百亿的企业家,有身居要职的官员,有神秘家族的继承人,有知名大学的教授,以及各行各业的职场朋友。每一段关系都让我深刻体会到人脉资源的重要性。

我见过太多35岁左右的职场人,在找工作时只能通过招聘网站投递简历。他们常常抱怨机会太少,但真实的原因往往是没有经营好自己的人脉网络。那些在职场中游刃有余的人,工作机会往往是通过老同事、前领导或者圈内朋友介绍的。

关于"向上社交"的迷思

说到人脉,就不得不提"向上社交"这个热门话题。很多职场建议都在讲如何突破圈层,如何攀附大佬。

我们要明白一个简单的道理:当你毫无价值时,所谓的向上社交永远是一个伪命题。没有真实价值支撑的社交，就像沙滩上的城堡，看似壮观，却经不起一个浪头的冲刷。

价值互换：人脉的本质

那么，是不是一定要功成名就才能建立强大的人脉网络？当然不是。

记得去年我遇到一位创业者，他说了一个让我印象深刻的故事。创业初期，他几乎一无所有，但他特别擅长数据分析。每次参加创业沙龙，他都会主动帮其他创业者分析运营数据，提供建议。慢慢地，他成了创业圈里小有名气的"数据专家"。后来当他缺资金时，之前他帮助过的创业者主动介绍了投资人，最终促成了天使轮融资。

所以，**人脉的本质是基于价值交换的信任关系。**

你不需要等到功成名就，而是要找到自己能提供的独特价值。这个价值可以是专业技能，可以是真诚的倾听，甚至是在他人困难时的一个小小帮助。

就像我常说的：真正的人脉不是有多少人能帮助你，而是你能帮助多少人。当你真心实意地帮助他人时，这份善意终将在未来某个时刻，以你意想不到的方式回馈给你。

这就是人脉的魅力所在：它不是一场甜言蜜语的社交游戏，而是一个持续创造和分享价值的过程。在这个过程中，真诚永远是最好的社交货币。

（一）人脉资产的本质：价值交换与长久互利

最近做企业培训时，一位学员问我："老师，我们都知道人脉重要，但具体怎么做？给点实在的！"

这让我想起自己在华为工作时的一个场景。2010年，我刚升任产品经理不久，接手了一个跨部门的大项目。当时最大的挑战是：我没有任何行政权力去协调其他部门的资源。但三个月后，不仅项目按期完成，我还收获了一批至今都非常重要的人脉资产。

这个经历让我总结出了人脉资产的3C模型：

Connection（连接）、Contribution（贡献）、Continuity（持续）

为了更直观地理解人脉资产的构建逻辑，我们可以通过以下3C模型图来清晰把握其核心要素与发展路径：

人脉资产3C模型

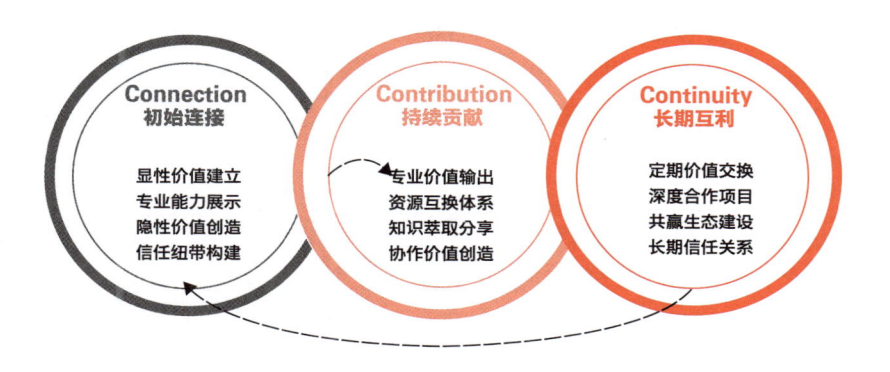

Connection 初始连接
- 显性价值建立
- 专业能力展示
- 隐性价值创造
- 信任纽带构建

Contribution 持续贡献
- 专业价值输出
- 资源互换体系
- 知识萃取分享
- 协作价值创造

Continuity 长期互利
- 定期价值交换
- 深度合作项目
- 共赢生态建设
- 长期信任关系

1. Connection（连接）：初始连接建立信任基础

获得人脉资产的第一步是建立连接，但有效的连接远不止简单的认识或加微信那么简单。

记得在某跨部门项目中，我需要研发部门的支持，但彼时研发负责人张工对市场部的人普遍不太信任，认为"你们只会提不切实际的需求"。我没有选择直接请求资源，而是先约他喝咖啡，坦诚地说："张工，我对技术实现确实了解有限，但我真心想把这个项目做好。您能给我一些技术上的建议吗？"

这种诚恳的姿态打开了沟通的大门。张工不仅给了我宝贵的技术建议，还主动帮我梳理了项目可能面临的技术障碍。这次谈话建立了最初的信任连接。

连接的核心在于：

- **显性价值建立**：展示你的专业能力、思维方式或资源优势，但要避免过度自我包装。
- **专业能力展示**：在自己的专业领域展现真实水平，让对方看到与你合作的潜在价值。
- **隐性价值创造**：有时最有价值的不是你说了什么，而是你如何倾听、理解和尊重对方。
- **信任纽带构建**：真诚、一致性和可靠性是建立信任的关键。

曾有一位销售总监告诉我："在我职业生涯中，最宝贵的人脉都始于我真诚请教对方的那一刻。当你把对方当作老师而不是工具，连接的质量就完全不同了。"

2. Contribution（贡献）：持续贡献深化价值连接

真正的人脉资产不是靠索取而是靠贡献来累积的。在华为的项目中，与市场调研部门的合作给了我深刻的启示。

当时我需要一份详细的市场数据，按常规流程可能需要两周时间。但我没有仅仅提交申请表，而是主动联系调研部的李总，详细解释了项目背景和数据用途："这些数据不仅对我的项目至关重要，也能帮助贵部门验证上季度的预测模型的准确性。"

更重要的是，我承诺会把我们收集到的客户反馈整理好分享给他们团队。这种"双赢"的提案让李总非常感兴趣，他不仅优先处理了我的请求，还派了一名分析师专门支持我的项目。

贡献的关键在于：

- **专业价值输出**：将你的专业知识、见解或资源无私地分享出去。
- **资源互换体系**：建立"我为你解决这个问题，你帮我突破那个瓶颈"的互惠模式。
- **知识萃取分享**：将复杂信息提炼为对方能直接应用的洞见。
- **协作价值创造**：寻找能产生"1+1>2"效果的合作点。

有一次在行业峰会上，我偶然听到一位与会者谈论他们公司面临的一个技术挑战。恰好我前不久处理过类似问题，便主动分享了我的解决方案。我没有期待任何回报，只是觉得能帮上忙很开心。两个月后，这位与会者成了我们公司最重要的合作伙伴之一，为我带来了远超预期的商业价值。

正如管理大师德鲁克所说："有效的人际关系建立在贡献之上——不仅仅是个人的贡献，更是对共同目标的贡献。"

3. Continuity（持续）：长期互利确保关系长青

人脉资产是需要持续经营的资产。项目结束后，我并没有与那些给予帮助的同事断了联系，而是有意识地保持互动和价值交换。

例如，我定期与张工保持联系，分享一些市场趋势和客户反馈，这些信息对他调整技术方向很有价值。同时，他也常常给我提供技术前瞻性的建议，让我在产品规划上更加精准。这种长期互利的关系持续了十多年，即使我们早已不在同一家公司工作了。

持续的精髓在于：

- **定期价值交换**：建立固定的互动机制，确保关系不因时间流逝而淡化。
- **深度合作项目**：寻找能够深度绑定双方利益的长期合作机会。
- **共赢生态建设**：将双边关系扩展为多方参与的生态网络。
- **长期信任关系**：通过时间的检验，将交易型关系升级为战略型伙伴关系。

我有一位朋友在创业初期，每月都会组织一次"脑力激荡午餐会"，邀请不同领域的朋友参与。这个看似简单的活动持续了五年，不仅帮助他解决了无数创业过程中的难题，还为他积累了一个强大的支持网络。当他的公司遇到融资困难时，正是这个网络中的一位老朋友，在关键时刻引荐了合适的投资人。

回到学员提出的那个问题——"人脉重要，但具体怎么做？"答案现在已经清晰了：通过初始连接建立信任，通过持续贡献深化关系价值，通过长期互利确保关系长青。

记住，**人脉资产积累是一个螺旋上升的过程，每次互动都创造新价值，每次合作都达到更深层次。真正的人脉资产不在于认识多少人，而在于能为多少人创造价值，又从多少人那里获得支持与成长。**

正如一位智者所言："当你真心实意地帮助他人实现目标时，你自己的成功也就不期而至了。"

（二）如何突破圈层：从陌生关系到合作关系

在现代职场中，我们每个人都不可避免地需要与陌生人建立合作关系。这种关系的突破并不容易，尤其是在面对职场新环境时，我们常常会感到紧张和不安，甚至产生"社恐"的情绪。

尤其是当你意识到，你正面临的并不仅仅是日常的同事合作，而是关系到事业发展的关键合作。在这种情况下，如何突破心理的障碍，成功地与陌生人建立起信任，并从陌生的关系走向深度合作，这成为每个职场人士必须掌握的技能。

许多人可能认为，自己性格内向、不善交际，或者社交技巧不够强，导致了在与陌生人合作时的障碍。然而，事实并非如此。突破圈层，建立关键合作并不意味着你要改变自己的个性，也不需要过度追求与每一个人都建立亲密关系。

关键在于方法、心态的调整和细节的掌握。接下来，我们将通过分场景的方式，探讨如何从陌生关系到合作关系。

1. 调整心态：认识到每个人都有不安的时刻

场景： 你刚加入公司，面对一群陌生的同事，你感觉自己与他们之间隔着一层厚厚的透明玻璃。无论在会议室还是休息室里，总觉得自己说话不够自然，行为举止总带有一种局促感。你总是在担心自己会给人留下不好的印象，自己与这些资深同事的差距似乎大得无法跨越。

这种情况非常普遍，尤其是对那些刚进入新环境的人。无论你在外面看起来多么自信，内心的焦虑与不安却是难以避免的。面对陌生的同事，尤其是资深或者职位较高的人，我们常常会产生一种"自己不够格"的自卑情绪。但其实，调整心态是突破社交障碍的第一步。

首先，你要意识到，陌生并不等于疏远。每个人都有不安的时刻，即便是那些你觉得无所不能的同事，他们也曾经是新人，也曾经感到过孤单与无助。因此，第一步就是要减轻自己的焦虑，认识到这种情绪是普遍且正常的。你并不是孤单一人，大家都有过这样一段不确定的时光。

2. 主动搭建桥梁：用问题开启对话

场景：在一次公司的休息室里，你偶然遇到了一位部门经理，他在行业内有着很高的声誉。你非常希望能够和他建立联系，但每次当你准备开口时，总是感到舌头打结，不知道该说什么。你希望能够与他交流，但又担心自己没有足够的资历或话题能吸引他。

这种情况尤其让人感到困扰。你希望与重要人物建立联系，却总是难以迈出那一步，担心自己说错话，给对方留下不好的印象。但事实上，突破这种心理障碍的最好方法，就是主动去搭建一个桥梁，而这个桥梁通常是通过提问实现的。

很多人误以为与陌生人建立联系需要通过炫耀自己的能力或者一上来就自我推销。但实际上，最有效的方法往往是通过向对方提问来打开对话的局面。这种方式不仅能让对方感受到你对他们的尊重，还能让对方在交流中感受到愉悦。

比如，可以从对方的工作、兴趣或者最近关注的行业热点入手，提出一些开放性问题：

- 最近你在关注的项目中，有哪些最具挑战性的部分？

- 你觉得未来一年内，行业会发生哪些大的变革？
- 能否分享一下你在职业生涯中的一些宝贵经验？

这些问题能够激发对方的思考，也能让你更容易找到共鸣点，开启一段自然且有深度的对话。

3. 建立共同点：找到可持续的合作话题

场景：你和来自销售团队的一位同事频繁合作，但每次沟通都显得很表面，似乎双方都很难深入探讨真正的合作机会。你觉得自己与他之间存在一些"隔阂"，好像你们的对话没有实际的内容。

在职场中，特别是跨部门合作时，很多人都会遇到这样的问题：沟通似乎只停留在表面，双方似乎没有找到真正的共同点。实际上，推进任何一种合作关系，都离不开双方共同的兴趣或关心话题。为了打破这种局面，最好的方法就是通过深入了解对方的工作背景和思考方式，找到共同点，形成可持续的合作话题。

比如，作为产品经理，你可以与销售同事讨论如何通过用户反馈优化产品功能，或者如何在市场推广中更好地呈现产品的核心优势。你可以从对方最关心的业务角度入手，提出一些有建设性的建议。这种对话不仅能增强合作关系，还能加深彼此对工作的理解和认同。你会发现，一旦你和对方找到了共同话题，整个合作关系便会顺利而深入。

4. 提供价值：从"索取"转向"给予"

场景：你参加了一场行业峰会，遇到了一位行业大佬。你一直对他充满敬仰，希望能借此机会与他建立联系，但你担心自己没有足够的价值可以与他交换。

这是许多人在与高层领导或行业大佬交流时最常见的困境。在面对这些有着更高身份和地位的人时，往往会产生一种"自卑"的心理，觉得自己无法为对方提供足够的价值。这种心理障碍恰恰是许多人在社交中遇到的瓶颈。如何打破这种障碍呢？

事实上，与他人建立合作关系的关键在于能够主动提供价值，而不是单纯地"索取"。你不要一开始就要求对方给你什么，而是要思考如何为对方提供帮助或资源。

在行业大佬面前，你可以从你自己擅长的领域，或者将工作中遇到的问题，向对方请教一些专业的见解，或者提供一些对他们项目有价值的建议。通过这种方式，你不仅能展示出自己的能力，还能在对方心中建立起"互惠"的形象。

例如，如果你在某个领域有着独到的见解，可以分享给对方；或者在某个项目中，你掌握了一些有用的数据和分析，能够帮助对方解决某个难题。这种主动"给予"的行为，往往能迅速拉近你与对方的距离，打破身份、地位上的隔阂。

5. 向上社交：如何与高层领导建立合作关系

场景：你是一位中层管理者，虽然在自己的领域有一定的成就，但和公司的高层领导之间却始终隔着一道看不见的墙。每当你有机会与高层领导接触时，总是感觉到身份、地位，甚至收入上的差距，让你产生一种自卑感。

在职场中，尤其是对于中层职员来说，如何与比自己更高职位、更高收入的高层领导建立合作关系是一个巨大的挑战。很多人认为，只有等到自己升职加薪、获得更高的职位才能和高层领导建立联系。然而实际上，你不必等到升职，你可以通过自己的努力和思考，主动接触并建立合作关系。

关键在于：你要找准自己的优势和高层领导的痛点，学会用实际价值来打破这种身份上的隔阂。高层领导往往面临着更高层次的战略决策和复杂的业务问题，他们需要的是能够为他们解决问题、提供创新思路的员工。

作为中层管理者，你可以通过深入了解公司的战略目标、了解行业发展趋势，提出对公司业务有帮助的创新建议或者改善方案。当你能够从高层领导的角度，站在全局的高度思考公司的问题时，便能引起高层领导的注意，逐步建立起与他们的合作关系。

总结

突破圈层，从陌生关系到合作关系并非一蹴而就，而是一个需要精心设计的过程。调整心态、主动搭建桥梁、建立共同点、提供价值，每一个步骤都是从陌生走向合作的必经之路。

尤其是在向上社交时，职场人士需要学会自信地展示自我价值，并且把目光放长远，不仅关注个人职业发展，还要了解公司的战略目标。通过价值交换与良好的沟通，在职场中突破层级，建立起深度的合作关系，拓展更广阔的资源网络。

职场如同一场马拉松，真正的竞争从不在于短期的得失，而在于你能否跨越一个又一个圈层，持续积累人与人之间的信任与合作。这不仅是你个人成长的突破，更是你职场破局的关键。

四、用资源杠杆撬动职业跃迁

在现代职场中，单凭自身的能力往往不足以突破职业发展的瓶颈。尤其是当你面临行业转换、岗位跳槽或者在寻找新工作机会时，资源的作用愈发重要。很多时候，我们会发现自己在投递简历时面临"已读不回"的尴尬，无法获得面试机会；又或者在面对行业壁垒时，尽管自己的能力足够出色，却始终无法突破。

而通过合理运用"人脉"和"资源整合"，我们能够撬动职业发展的杠杆，获得本来难以获取的"不可多得的机会"。

（一）借助人脉获得"不可多得的机会"

你已经投递了无数简历，但始终没有获得面试的机会。每次投递后，等来的只是"已读不回"，面试的机会似乎遥不可及。你开始怀疑自己的能力和背景，甚至考虑是否该重新审视自己的职业道路。

但是有时候，职业机会的缺失并不是因为你不够优秀，而是因为你缺少与关键人物的连接。这时候借助你的人脉，尤其是通过合适的平台接触到行业内的"关键人物"（Key Person），能够帮助你打破目前的局面，打开职业发展的新局面。

实操步骤：

在面对这种困境时，借助人脉关系的帮助，特别是通过"资源杠杆"找到合适的行业人士，能够为你带来意想不到的机会。接下来，我们将详细介绍这一过程的实操步骤。

第一步：在合适的平台找到关键人物

首先，要找到行业内的"关键人物"。这些人通常是行业的决策者、意见领袖，甚至是资源的分配者。他们是那些能为你打开职业新天地的人，通常在行业内具有较高的声望和影响力。要想借助这些关键人物获得机会，首先要知道他们在哪里，如何接触他们。

- **社交平台**：在当今互联网时代，社交平台如脉脉、行业论坛、付费微信群等，已成为快速建立联系的有效工具。你可以在这些平台上找到各行各业的专家与大佬，主动与他们建立联系并交流。
- **行业会议和讲座**：参加行业峰会、讲座等线下活动，能够与行业内的专业人士建立面对面的联系。这些场合常常是汇聚行业精英的好地方，借此机会，你能够直接接触到行业内的重要人物，进一步扩大人脉圈。

例如，如果你想进入新能源行业，参加相关的新能源技术展会、论坛等活动，便能够结识到行业的领军人物，这不仅能为你打开职业发展的窗口，还能让你在行业内积累更多的资源。

第二步：展示自己的价值，获得贵人的认可

与关键人物建立联系后，最重要的就是要展示自己的价值。很多人往往错误地认为人脉就是单纯地依赖别人帮助自己，但实际上，与贵人建立联系的过程，是一个价值互换的过程。在这一过程中，你需要主动向他们展示自己的能力和潜力，获得他们的认可。

如何展示价值？

你可以通过与你的贵人交流你在工作中的独到见解、成功案例，或者你对行业的思考和建议来展示自己的专业能力。这不仅能引起对方的兴趣，还能让对方看到你的行动力和执行力，进一步产生合作的可能性。

例如，如果你有一定的数据分析能力，那么可以向对方展示你在项目中使用数据驱动决策的成功案例，这样能让对方看到你的专业性，并认为你是一个值得投资的人。

第三步：行动而非空谈，快速行动建议

获得贵人的建议后，要快速行动，将建议付诸实践。很多人容易陷入"等待"的状态，认为一旦有了建议和资源，自己就会有机会，但实际上，若你不采取行动，贵人并不会一直等待你的反馈。

如何快速行动？

比如，当贵人给你提供了某个职位的推荐机会，或者向你介绍了某个项目时，你要立刻回应，并做好准备展示自己的能力。如果对方向你提供了发展方向建议或某个行业资源，你应该立即进行相应的调查或行动，并在短时间内反馈进展。

实际操作的核心在于"快速行动"。 只有通过行动，贵人才能看到你落实他们建议的能力，而这也是你赢得更多支持的关键。

第四步：给予及时的反馈，建立持续互动

很多人在得到贵人帮助后，觉得"任务完成了就好"，殊不知，缺乏及时的反馈，会让贵人觉得他们的努力没有得到应有的重视。你要知道，贵人永远有"plan B"，如果你不给予及时的反馈，他们的注意力就会转向其他更具行动力的人。因此，反馈至关重要。

反馈的关键是什么？

当你取得一定的进展时，一定要及时向贵人汇报，无论结果如何。无论是面试进展、项目执行进度，还是你对建议的执行效果，都应该定期向贵人汇报，并展示你的成果与收获。

通过这种及时反馈，贵人会看到你在实际行动中的变化，同时建立你们的长期合作关系，并为你提供更有价值的资源。

（二）案例：通过资源整合完成职业破局

我曾经在招人的时候，遇到过一个非常特别的候选人。当时，我正在招聘一个下属，某集团公司的同事给我推荐了一位候选人，从简历上看她的学历不错，也有多个"大厂"的背景。但从我个人的角度来看，她与我们公司在教育行业和互联网App领域的项目并没有直接关系，所以我最初并没有考虑给予她面试机会。

然而，正当我犹豫时，我的同事告诉我："她是我们同学里面行动力非常强的人，曾经帮助很多公司谈成商务合作，家里人住在广州，打算从深圳过来工作。不管行不行，你就去试试吧。"在同事的推荐下，我决定给她一个面试机会，结果，她不仅顺利通过了面试，最后还成为我们公司的股东之一，为公司带来了大量的业务合作并推动资源整合。

资源整合的力量

从这个案例我深刻认识到了资源整合的力量。这个候选人虽然看上去与公司主营业务没有直接关系，但她的资源整合能力正是我们需要的。

通过她的加入，我们的公司在市场拓展、合作机会、资金引入等方面都取得了进步。更重要的是，通过这次招聘，我意识到人脉和资源的作用不仅仅是"提供帮助"，更多的是通过"互利合作"实现共赢。

新兴领域与人脉关系的重要性

随着AI、新能源、低空经济等新兴领域的崛起，职场中的人脉关系变得愈发重要。这些领域虽然前景广阔，但也有着较高的壁垒和竞争压力，因此，建立与领域内关键人物的联系，能够帮助你更快地融入其中，抓住新的机遇。

AI：

AI的快速发展，正在改变各行各业的运营方式。想要进入AI领域，除了具备专业技能，能够通过人脉获得内部信息、技术资源以及合作机会也至关重要。AI领域的创业者大多是传统互联网行业的从业者，所以与AI领域的技术大佬、投资者建立联系，能为你提供更多的信息和机会。

新能源：

凭借其巨大的市场潜力，新能源领域吸引了大量的投资者和企业进入。然而，由于技术门槛较高，许多人在进入该领域时常常感到力不从心。这时，拥有相关人脉的帮助，能够让你快速获得前沿资讯，甚至帮助你接触到有价值的项目和投资机会。

低空经济：

低空经济是未来的重要发展方向，尤其是在无人机、空中出行等领域。然而，由于政策、技术和市场环境尚不稳定，很多从业者在进入低空经济领域时会遇到许多挑战。在这个领域，与领域内的技术专家、政策制定者或投资者建立联系，能够为你提供更强大的支持，帮助你从中获得更多的资源和机会。

职业跃迁不仅仅靠自己的努力，更需要借助外部的资源和人脉，把握每一个"不可多得的机会"。

第4章
将三桶燃料融合为职场破局力

拥有卓越的底层能力、丰富的行业经验与岗位技能和强大的职场资源与人脉固然重要，但真正的职场突破往往发生在三桶燃料完美融合之时。如同化学反应需要催化剂，职业成长也需要一套系统方法，将这些宝贵资源转化为不可阻挡的破局之力。

一、如何设计你的职场成长飞轮

（一）底层能力、行业经验与岗位技能、职场资源与人脉

回望过去，你会发现一个有趣且让人深思的现象：**尽管大家的起点几乎相同，都是从"985"高校毕业，经历了中国制造业、电子行业、互联网、移动互联网、新能源汽车的崛起，但大家的职场道路却天差地别。**

有的人选择了创业，走上了创业的道路，虽然艰辛，却充满了可能性；有的人依旧在公司奋斗，但始终未能突破困境，过得艰难；有些人成功上市，步入了高层次的职业生涯，收获了事业和

财富的双重回报；还有一部分人，经历了企业破产，人生轨迹发生剧烈变化，甚至有些人成了"老赖"，与我们渐行渐远。

还有一些人选择了稳步向前——比如我曾经的同事们，有些人在华为做得风生水起，经过多年坚持不懈的努力，最终晋升为公司高层领层，继续为自己钟爱的事业奋斗。也有一些同事，35岁后因为"年龄危机"离开了华为，出去创业或者转职其他企业，依然在职场中摸爬滚打。甚至还有一些人，由于个性原因、家庭原因，选择离开职场，经营自己的小生意，或者找了一份舒适的工作，过上了"养老式"的职场生活。

这些不同的结局背后，其实有着根本的差异：他们的职场成长飞轮设计不同。这就是为什么起点相同，最后会走上截然不同的职业道路的原因。

职场终局：你要知道你的目标

你会发现，职场的终局大致可以归结为以下7类：

在大企业做一把手

这是很多有野心的人的终极目标，成为一个公司的CEO，领导一家公司走向辉煌。

在大企业做高管

作为高管，虽然没有CEO那样的最终决策权，但你仍然是企业的重要决策者，掌控着公司的战略方向和资源分配。

在大企业做技术专家

如果你不愿意从事管理，但又想在自己的领域做到极致，成为技术专家或行业大咖，专注于技术突破、产品创新，依然是很多人的梦想。

创办一家大型企业

不局限于现有的框架,选择自主创业,从零到一打造一家大型企业,给自己和团队创造更大的价值。

创办一家小而美的企业

这是更具灵活性和独立性的选择,创业者可以拥有更高的自由度,也可以做出更具特色的小型企业。

成为出售技能的个体户

如果你非常擅长某个领域,那么你可以选择成为"自由职业者",通过出售自己的专业技能获得收入,拥有更多的工作自由度。

成为撮合交易的资源者

你可以专注于自己人脉的积累,成为信息、资源的聚合点,连接各方资源,做大做强自己的"资源平台",成为职场中的"中介",这一角色也极具市场价值。

每个人都有不同的终局目标,但无论选择哪一类,关键在于你如何通过设计自己的职场成长飞轮,让自己从当前的职场"起点"出发,一步步走向理想的终局。

提前10年布局:你要如何规划你的职场成长飞轮?

如果你已经对自己的职场终局有了清晰的认知,那么下一步就是提前10年布局自己的职场成长飞轮。这个飞轮就是你职场发展的动力源泉,包含了3个至关重要的要素:**底层能力、行业经验与岗位技能、职场资源与人脉**。

1. 底层能力——职场的核心竞争力

底层能力是职场人必须具备的基础能力,它不是短期内可以快速提升的，而是需要在日常工作和学习中逐渐积累的长期资产。底层能力包括沟通表达、数据思维、产品思维、商业思维、财商思维等，任何职场人都需要通过不断地学习和实践来提升这些能力。

我曾经和一位从事房地产行业的工程师聊过，他本来在项目管理岗位做得相当不错，但是随着行业下行，他逐渐感觉到自己面临的职业瓶颈。他开始意识到，自己并不具备足够的跨行业能力，转型似乎成了唯一的出路。

于是他开始系统地学习产品思维和商业思维，通过阅读相关书籍、参加培训，甚至向同行请教，最终，他成功转型为新能源行业的项目经理。两年后，他已经成为一家行业领先的公司的高级项目经理，薪资增长了近50%。

这位工程师的成功并非偶然，而是通过长期积累底层能力，为自己职业的跨界转型奠定了坚实的基础。

2. 行业经验与岗位技能——打破"舒适区"

行业经验与岗位技能是职场人不断向上跃升的重要资本。不同于底层能力，行业经验与岗位技能的积累是由你在行业内的实践、项目经历以及你在团队中的领导力和影响力共同构成的。每个行业都有其特定的运作规则和知识体系，只有真正"做过"的人，才有可能成为行业中的佼佼者。

我曾经辅导过一位UI设计师，他在互联网行业工作了近五年，但由于公司裁员，他被迫离开了原来的岗位。在这一过程中，他并没有立即投身到其他UI设计的工作，而是决定转型，进入了SaaS行业，做了一名产品经理。

通过快速学习和积累行业经验，他不再满足于做传统的UI设计,而是开始专注于AI产品的研发,经过一年时间,他成功升职为AI产品经理,薪水增长了50%。这种转型的成功,不仅仅是因为他拥有设计能力,还因为他将自己在UI领域的经验与新的行业背景结合,迅速适应了新的职业角色。

3. 职场资源与人脉——不可忽视的职业加速器

职场资源与人脉在职业成长中的作用不可小觑,它是一个"加速器",可以帮助你拓宽视野、获取信息、找到合适的机会,甚至找到潜在的投资和合伙人。很多职场上升的机会,并非单纯靠能力就能得到,它还需要你有一个强大的社交圈和足够的资源支持。

我有一位从事金融的朋友,他从一线做起,积累了丰富的行业经验和技能。但是,他并不满足于在行业内做一名普通的财务经理。于是,他开始积极参加行业活动,结识了很多同行和潜在的投资者。

在一次投资大会上,他通过一位老朋友认识了一位有兴趣投资的风险基金投资人,并在半年后成功加入了一家正在进行融资的创新型金融科技公司,成为了该公司CFO。几年之后,这家公司成功上市,他也因此成为团队中的中坚力量。

正如这位朋友所说,**人脉是通向机会的钥匙**。没有人脉积累的职场人,很难找到快速上升的通道。

职场成长飞轮:底层能力、行业经验与岗位技能、职场资源与人脉

无论你希望走向哪种职场终局,底层能力、行业经验与岗位技能与职场资源与人脉的有机结合,将是你成功的关键。这就像一个无形的飞轮,开始时你可能并不觉得它有多么大的威力,但随着时间的积累，它会变得越来越强大，推动你不断向前。

- 如果你希望在大企业成为高管，那么请加强你的**沟通表达能力**和**商业思维**，同时要不断积累行业经验，参与更多的决策性项目，建立起跨部门和跨行业的人脉资源。
- 如果你希望成为技术专家，那么请专注于某个领域的深度探索，你的**产品思维**和**数据思维**将帮助你从技术层面打破瓶颈，逐渐在行业内站稳脚跟，成为业内的权威。
- 如果你最终希望创业，那么**财商思维**、**商业思维**和**资源整合能力**将成为你创业成功的基础。

职场成长飞轮的打造并非一蹴而就，它是一个**长期的、有意识的积累过程**。每个选择都不是孤立的，每一步都需要前瞻性的布局和持续的努力。

10年后回头看，只有那些在早期就注重底层能力、行业经验与岗位技能、职场资源与人脉的人，才会在职业生涯中迎来真正的突破。

（二）成长路径的持续复盘与优化

在职场的漫长旅程中，成功并非一蹴而就，而是一个不断试错、调整、优化、再试错的过程。要想在这条道路上走得更远、走得更稳，最重要的就是要进行持续的复盘与优化。

很多人以为只要拼命工作就能成功，但实际上，如果不反思自己的方法从而不断调整自己的发展路径，就很难在职场中突破瓶颈，获得真正的成长。

如何才能高效地进行个人成长的复盘与优化？最实用的方法之一，就是借助**PDCA循环法**。这个方法来自质量管理领域，但应用到职场成长中，依然能够发挥出巨大的作用。

1. 计划（Plan）：明确目标与行动方向

在职场初期，很多人都处于摸索阶段，尤其是刚进入职场的前3~5年，你可能面临很多选择：是要向管理岗位发展，还是要走技术专家路线？是要选择稳定的企业，还是去更具挑战的创业公司？这些选择看似随机，但如果你不提前规划，那么很可能在无意识中错失机会。

很多职场新人在前三年只是在"忙"，忙着做项目、忙着完成任务，却没有明确的目标方向。他们的工作像是在跟着任务走，而不是在有意识地为未来积累能力和资源。

反观那些职场上升快的"明星员工"，他们在入职初期就明确了自己的职场目标，并为此制订了相应的计划。比如，他们会在三年内重点提升某些核心能力，如沟通能力、数据分析能力、项目管理能力，目标是为将来能够接触到更重要的工作做好准备。

案例： 在小李刚进入一家互联网公司时，面临的是同样的基础工作。可他从不觉得自己只是一个简单的执行者，而是为自己的未来铺路。他自学了数据分析工具Excel，开始主动承担起数据统计和分析的工作，并提出了一些创新的改进方案，得到了领导的认可。

小李明确自己要走产品经理晋升路线，他提前了解行业需求，参加相关的产品设计课程，并不断总结实践经验。通过这样有计划的行动，小李在三年后成功转型为产品经理，并迅速晋升。

2. 执行（Do）：脚踏实地，积累能力

计划的制订并非最难的，最难的是付诸实践。在你明确了目

标后，接下来的关键就是如何一步一个脚印，持续执行并积累经验。这时，执行力至关重要。

对于职场新人来说，执行力意味着不畏难、不逃避任务，勇于承担责任，敢于接受挑战。在执行的过程中，最大的难题就是面对不确定性与挑战时，如何保持动力，继续坚持下去。

案例：小张进入了一家传统的制造公司，他的岗位是研发工程师。在前两年，他一直负责一些相对简单的设计工作，虽然工作量很大，但没有接触到真正有挑战性的任务。于是他主动要求参与新产品的研发工作，虽然任务繁重，但他知道这是一个展示自己价值的机会。

在工作推进过程中，小张遇到了很多技术难题，有几次差点想要放弃，但他没有，反而主动请教更有经验的同事，甚至自学了大量的相关技术知识，终于克服了困难，并成功参与了公司第一个核心技术产品的推出。通过这些经历，小张的能力大大提升，最终得到了公司的认可并获得晋升。

3. 检查（Check）：及时反思，发现问题

虽然执行力很重要，但不及时反思自己的行动和结果，也会让你在原地踏步。在PDCA循环法中的"检查"就是让你在实施过程中不断回顾，不断发现问题。

你需要定期回顾自己的工作成果和成长轨迹，问自己：我现在哪里做得好？哪里还可以改进？我是否正在朝着既定目标前进？有时候，你的努力和付出并不会立即带来可见的结果，但这些反思的过程会帮助你更清楚自己当前的处境与下一步的发展方向。

案例：小刘是一位营销人员，工作了5年后，他发现自己虽然工作努力，但好像总是被"卡"在一个中层的位置，无法突破

于是，他开始进行自我反思，回顾自己的工作经历，发现自己在团队管理方面的能力很弱。

虽然自己能独立完成任务，但在团队协作和人际沟通上总是缺乏足够的影响力。于是他开始主动请教上级领导、寻求反馈，及时调整自己在团队中的角色，逐渐通过领导力的提升获得了更多的资源与机会，最终顺利晋升。

4. 行动（Act）：总结成功经验，吸取失败教训

"行动"是PDCA循环法中最重要的一步，它要求你根据检查阶段发现的问题，采取相应的措施进行调整。成功的经验要加以总结，形成标准化的流程与方法；失败的教训则要转化为知识，为下次的挑战做准备。

在职场中，这一阶段其实是你能力飞跃的关键时刻。成功的经验能够帮助你更高效地完成任务，失败的教训则让你避免犯同样的错误。这时，最重要的是"总结"和"优化"，使你的职场轨迹变得越来越稳定、越来越高效。

案例：李女士是一家互联网公司的招聘专员，在转型为人力资源管理岗位的过程中，她通过总结早期招聘工作中的成功经验，逐渐形成了一套完善的招聘流程。同时，她也总结了在处理员工关系方面的失败教训，优化了沟通方式，提出了更符合员工需求的管理策略。李女士不断在实践中积累经验，形成了自己的管理哲学，最终成为了公司的人力资源总监。

持续复盘，职场成长飞轮加速

在职场成长的过程中，不可能一蹴而就，PDCA循环法中的每一环都会让你积累一定的经验与资源。每一次复盘，都为你提供

了优化自身成长路径的机会。而随着时间的推移，你的职场成长飞轮将会加速，最终帮助你实现目标。

所以，职场成长不是单纯地"做"与"重复做"，而是不断"试"与"调整"，通过不断地反思与总结，最终找到适合自己的最优路径。

职场如同赛道，唯有持续复盘，才能保持跑得更快、更稳；只有不断优化，你的职场成长飞轮才能越转越快，最终助你冲刺到达终点。

二、破局行动指南：六大实战场景的组合术

在职场的快速变化中，跨界破壁、持续进阶和灵活应对挑战成为职场跃迁的常态。无论是向上晋升、行业转型，还是创造副业收益，掌握如何在不同场景下灵活运用底层能力、行业经验与岗位技能、职场资源与人脉，以及AI技术等，才能确保你在复杂的职场环境中走得更远、更稳。

接下来，我们将通过六大真实的职场场景，详细解读如何将这些组合在一起，打破职场壁垒，突破成长瓶颈，抓住新的机会。

场景一：行业跨界破壁

美团前产品总监转型蔚来智能座舱负责人的三级跳

场景背景：李文（化名）是一位美团的前产品总监，曾经在美团的多个核心项目中担任重要角色，积累了丰富的互联网产品经验。然而，在美团的产品经理岗位上工作多年后，他意识到自己想要追求更大的发展空间，并且希望能参与到具有新兴技术的行业当中。

组合分析：

- **底层能力**：李文不仅具备数据思维和产品思维，还在美团的工作中锻炼了高效的团队协作与跨部门沟通能力。他能够迅速将自己的能力转化为解决问题的方案，帮助团队快速推进项目。

- **行业经验与岗位技能**：从互联网到智能汽车，李文的行业知识和产品管理技能需要跨越行业壁垒。通过多年的产品经验，他在跨行业时能够迅速学习与适应智能硬件领域的产品思维，快速理解与调整工作模式。

- **职场资源与人脉**：在美团的工作中，他积累了强大的人脉资源，尤其是高层管理者和技术专家。通过这些资源，李文在跨界时得到了许多行业专家的帮助和支持。

- **AI技术**：李文的产品经验也逐渐与AI技术结合，尤其是在智能座舱这个领域，AI技术已成为核心。通过学习AI相关知识，他能帮助蔚来开发智能化程度更高的用户体验。

实际案例：李文转型的过程并不轻松，但他的跨界成功恰恰得益于持续优化的底层能力和行业经验。在蔚来，他带领团队开发的智能座舱产品，很快成为蔚来汽车的核心产品之一，而他的成长路径也为其他互联网人转型提供了宝贵的经验。

场景二： 35+续航计划

互联网15年"老兵"转型初创企业COO的资源重组策略

场景背景：张伟（化名）是在一家知名互联网公司工作了15年的资深员工，从一名基层技术人员一路晋升到部门主管。然而，随着互联网行业的日渐成熟，他发现自己职业发展空间受限，逐渐陷入了中年危机。为了寻求新的突破，他决定转型加入一家初创企业，担任COO一职。

组合分析：

- **底层能力**：张伟在大公司积累了大量的管理经验，尤其是在跨部门协调、项目管理和危机应对方面。他的管理能力帮助他迅速适应了初创企业的节奏。

- **行业经验与岗位技能**：初创企业的快速发展需要张伟重新梳理与适应企业资源的配置与调配，尤其是在公司内外部资源的整合和优化上，张伟发挥了他在大公司的多元经验。

- **职场资源与人脉**：张伟通过自己多年的职场积累，拥有了广泛的行业联系，尤其是投资者和高级管理者的资源，这为他在初创企业融资、人才招聘、战略发展等方面提供了关键支持。

- **AI技术**：虽然初创企业的资源有限，但张伟凭借自身的行业敏锐度，积极引入AI技术优化企业管理流程，并加速产品的智能化进程，从而提高了公司效率和市场竞争力。

实际案例：张伟转型后的关键行动之一，就是通过重组公司内部资源，优化组织结构和决策流程，使公司在资金有限的情况下实现了资源的最大化利用。在短短一年的时间内，他带领公司成功从初创阶段进入快速发展期，业绩实现了翻倍增长。

场景三：副业构建反脆弱体系

产品经理用AI工具开展跨境选品副业，月入5万元以上

场景背景：王磊（化名）是字节跳动的一名产品经理，日常工作压力大，挑战多。为了增加收入，并缓解工作压力，他决定利用自己的产品思维和AI技术，在业余时间开展跨境电商选品副业。

组合分析：

- **底层能力**：王磊在字节跳动积累了强大的产品思维能力和数据分析能力，这使得他能够快速通过AI工具识别市场趋势和用户需求，优化跨境电商的产品选品策略。
- **行业经验与岗位技能**：王磊通过对电商平台的学习，逐渐积累了跨境电商的行业知识，并运用AI工具帮助自己找到最具市场潜力的产品，降低了运营的风险。
- **职场资源与人脉**：在字节跳动工作期间，王磊通过跨部门的沟通与合作，积累了广泛的资源。尤其在电商和物流领域，他利用内部和外部的资源，实现了跨境电商业务的快速启动。
- **AI技术**：王磊利用在公司内部积累的AI技术，如自动化选品、市场数据分析等工具，为自己的副业提供了强大的技术支持，从而大幅提高了工作效率和准确度。

实际案例：经过几个月的实践，王磊的副业逐渐稳定下来，月收入稳定在5万元以上，成功构建了一个反脆弱的收入体系。他的副业不仅为家庭带来了额外的收入，还为他提供了与主业的良性互补，增强了职场抗压能力。

场景四：自由职业者团队作战

自由职业者团队承接车企大模型项目

场景背景：随着AI技术的发展，越来越多的专业人才选择进入自由职业领域，成为独立的咨询顾问或项目负责人。刘强（化名）和他的两位同学——一名AI工程师、一名数据分析师组成了一个小型自由职业者团队，他们专注于AI大模型的训练和优化。近期，他们成功承接了某知名车企的AI大模型训练项目。

组合分析：

- **底层能力**：刘强和团队成员的沟通表达能力和团队协作能力使得他们能够高效地进行远程协作并解决客户问题。
- **行业经验与岗位技能**：刘强团队每个人都具备深厚的技术背景，精通AI算法和数据分析，在项目执行过程中迅速识别并解决了模型训练中的瓶颈问题。
- **职场资源与人脉**：通过多年的行业积累，刘强及其团队已经拥有了稳定的客户资源和合作伙伴，在承接大项目时能够获得较高的信任与支持。
- **AI技术**：团队利用最前沿的AI技术，结合大数据分析和机器学习算法，优化了车企的智能驾驶系统，并成功交付了该大模型的项目。

实际案例：刘强和团队成员成功地交付了车企的AI大模型项目，不仅为车企带来了显著的市场竞争力，也为团队提供了充足的项目资金支持。团队成员也通过这个项目进一步积累了AI大模型的实战经验，为以后的自由职业之路打下了坚实的基础。

场景五：传统行业AI化转型

某地产HR总监转型AI人才教练的路径

场景背景：王媛（化名）是某大型房地产公司的HR总监，在公司工作了10年，熟悉传统行业的HR管理与人才招聘。然而，她发现随着AI技术的兴起，许多传统行业的招聘与人才培养模式正在发生变化。她意识到，自己必须要行业转型，才能在AI时代保持竞争力。

组合分析：

- **底层能力**：王媛具备强大的组织与管理能力，特别是在人员招聘和团队建设方面积累了深厚的经验。这为她的转型提供了坚实的基础。

- **行业经验与岗位技能**：从传统行业到AI行业的跨界，王媛不断学习AI行业的知识，并通过参与相关课程培训，逐渐掌握了AI行业的人才需求和招聘模式。

- **职场资源与人脉**：王媛利用自己在房地产行业积累的丰富人脉，尤其是HR圈的朋友，迅速建立了跨行业的人脉网络，获取了AI人才的推荐和资源支持。

- **AI技术**：王媛通过不断学习AI相关知识，掌握了AI行业的核心技能，成为AI领域的人才教练，帮助企业招募并培训AI专业人才。

实际案例：王媛成功转型后，不仅在AI行业获得了新的职业机会，也为传统行业的HR人才管理提供了创新的思路，她的转型路径成为许多传统行业HR经理的榜样。

场景六：全球化远程协作

成都开发者通过Turing.com承接硅谷AI项目

场景背景：刘博（化名）是一位成都的开发者，技术背景扎实，擅长AI开发。他在国内工作多年，但始终觉得发展空间有限。通过Turing.com平台，他得到了一个来自硅谷的AI项目，参与了一个全球化团队的远程协作。

组合分析：

- **底层能力**：刘博不仅具备扎实的AI技术能力，还能够有效地进行远程沟通与协作，确保项目按时交付。
- **行业经验与岗位技能**：刘博在AI领域的技术专长使得他能迅速适应硅谷项目的技术要求，并利用自己在国内的经验，提出创新的解决方案。
- **职场资源与人脉**：通过Turing.com平台，刘博与全球顶级AI开发者建立了联系，并从他们那里获取了先进的技术知识和项目经验。
- **AI技术**：刘博将自己在AI开发领域的深厚积累与国际化的项目需求结合，优化了硅谷项目的开发效率，提升了团队的协作效果。

实际案例：刘博的成功不仅让他在国内的职业路径变得更加广阔，还通过全球化远程项目的经历提升了自己在AI领域的竞争力，逐步向国际化发展迈进。

通过这六大场景我们可以看到，不同职场阶段、不同背景的人如何将底层能力、行业经验与岗位技能、职场资源与人脉和AI技术巧妙结合，帮助自己跨越职业壁垒，实现职场破局。

无论你处于哪个职场阶段，都可以借鉴这些经验，设计自己的职场成长飞轮，不断追求更高的职业高度。

三、未来职场的可持续竞争力

未来职场的竞争将会更加激烈。每年有大量的应届毕业生涌入市场，然而，新增的就业机会却并未同步增加。2025届高校毕业生规模预计将达1222万人，但随着产业升级，传统行业面临挑战，高校培养的学生与社会需求之间的差距越来越大。AI的快速发展更是给各行各业带来了巨大冲击，程序员、UI设计师、财务人员等传统岗位的从业者纷纷感受到巨大的职业焦虑，担心被时代抛弃。

那么，如何保持持续的职场竞争力？我们需要从以下3个层面进行预警和准备：

（一）行业预警：行业周期的加速与个人避险策略

现状分析

根据中国信息通信研究院发布的《全球数字经济白皮书（2023年）》显示，中国数字经济年均复合增长14.2%，是同期美、中、德、日、韩5国数字经济总体年均复合增速的1.6倍，而数字经济无疑会加速新兴行业的发展。这一趋势显著加快，背后反映了产业变革的速度，以及技术进步带来的"淘汰"效应。

以新能源汽车行业为例，2023年，产销突破900万辆，行业渗透率突破30%。与此同时，电池技术的迭代周期也呈现出惊人速度的增长（数据来源：中国汽车工业协会）。这种加速的变化意味着，行业周期更短，转型和适应的压力更加严峻。

行业周期4个阶段与案例数据

1. **萌芽期**：据高工机器人产业研究所（GGII）数据，2023年全球四足机器人市场销量约3.4万台，同比增长76.86%；市场规模10.74亿元，同比增长42.95%。这一领域的技术突破和应用场景正在不断扩展。随着全球人口老龄化问题加剧，智能机器人在医疗、家庭服务、教育等领域的需求迅速上升。

2. **成长期**：随着自然语言处理技术和图像生成技术的不断成熟，AIGC正在渗透到各行各业，从内容创作到客户服务，它正在改变传统的工作方式，甚至推动企业的运营模式发生颠覆性变化。

3. **成熟期**：艾媒咨询预测2025年中国直播电商市场规模将达到21373亿元。直播电商市场逐步从高速增长期进入稳定期，尽管依然是一个庞大的市场，但竞争愈发激烈，运营门槛逐渐提高。

4. **衰退期**：传统燃油车行业，特别是国内合资品牌，面临着极大的挑战。大众汽车、福特汽车、本田汽车、现代汽车等老牌燃油车巨头在中国市场都出现了不同程度的销量下滑。

典型行业风险信号

在行业的快速变化中，一些传统行业正在加速下行。以下是几个重要行业的风险信号：

- **互联网广告**：根据腾讯2023年Q3财报，网络广告的收入为257亿元，同比上一财年Q3的214亿元，该项收入增长20%。该收入增长驱动力来自市场对视频号、腾讯移动广告联盟、微信搜索广告等需求增加，股东电话会议中更指出AI技术对广告收入显著增加的积极影响。

- **消费电子**：全球智能手机出货量自2018年起连续下滑（来源：IDC）。尤其是AI手机的崛起，突破了15%的市场占比，传统手机的生命周期逐渐缩短，面临着"低价竞争"和"智能化替代"的双重压力。

避险策略与工具包

为应对行业周期的加速变化,个人应当具备快速应变和转型的能力,以下是行业预警的转型路径与应对策略:

行业监测三板斧

1. **定期查阅国家统计局发布的"企业景气指数"**,及时掌握行业发展的阶段和趋势。

2. **加入垂直行业社区(如虎嗅、商业观察等)**,保持对行业信息的敏感性。

3. **使用"前瞻经济学人"App生成行业生命周期曲线**,通过数据预测行业未来的走势和生命周期,帮助自己及时做出调整。

转型路径设计

案例:比亚迪工程师转型储能方案架构师

步骤1:参与宁德时代的电池技术公开课,掌握储能系统的基础知识。

步骤2:考取TÜV新能源系统认证,深入学习储能领域的最新技术标准。

步骤3:在职场社交平台"脉脉"上建立"储能技术交流圈",提升个人影响力并与行业大佬建立联系。

(二)岗位预警:AI替代曲线下的关键能力储备

高危岗位替代进度

随着AI技术的飞速发展,许多岗位正在被AI替代,尤其是那些重复性强、标准化的岗位。以下是2025年部分高危岗位的替代进度（数据来源：麦肯锡全球研究院）：

岗位类型	替代进度（2025）	典型工具案例
基础财务审核	78%	用友NCC财务机器人（节省30%人力）
初级客服	65%	阿里云智能客服（双11承接85%咨询）
数据标注员	92%	百度文心数据工厂（标注成本降90%）
仓库管理员	50%	京东智能仓储机器人（提升50%效率）
呼叫中心话务员	72%	科大讯飞智能客服（支持90%自动处理）
图像设计师	55%	Adobe Sensei AI图像自动生成工具
文案写作	60%	DeepSeek生成商业文案（生产率提升200%）
销售助理	80%	Salesforce Einstein（AI销售预测）
人力资源招聘官	65%	AI招聘工具（筛选简历效率提升60%）
法律助理	68%	法帮AI法律查询系统（减少40%案件处理时间）

抗替代能力模型

被AI替代的压力对职场人士尤其是中低层岗位提出了严峻挑战，如何应对这一挑战？以下是"三层防线"模型：

1. **底层防御力**：提升业务闭环认知。例如，财务人员需要掌握"业财融合"概念，将财务管理与企业整体运营战略紧密结合。

2. **中层竞争力**：发展人机协作能力。例如，借助AI工具（如ChatGLM）进行财报分析、预测，并推动业务决策。

3. **顶层创造力**：跨界解决方案设计。例如，AI与区块链结合，重构供应链金融模式，或者通过大数据与AI结合，优化全渠道营销策略。

能力升级路线图

面对AI浪潮，职场人的能力升级不再是直线上升，而是需要螺旋式进化。这个路线图分为3个关键阶段：

解构与掌握阶段：先要深入理解自己岗位中哪些部分最易被AI取代，哪些是AI短期内难以复制的。识别出"人类优势区"，如创造性思维、复杂情境判断、跨学科分析等。同时，主动学习基础AI工具的使用，将它们融入日常工作流程，释放更多时间用于高价值任务。

融合与增强阶段：这一阶段不再是与AI竞争，而是学会与AI协作。建立"人机协作工作流"，让AI处理数据分析、信息筛选等工作，而人类则负责创意生成、战略决策、情感沟通等环节。例如，市场人员可以利用AI生成初步营销方案，然后注入人类洞察力和创意，形成真正打动人心的策略。

引领与创新阶段：最高阶段是成为AI技术与传统业务的"桥梁专家"，能够发现AI应用的盲点，创造新的业务模式和解决方案。这需要具备跨界思维，将不同领域的知识和技能整合起来，看到别人看不到的机会。在这个阶段，你不再只是应对变化，而是引领变革，重新定义行业标准和工作方式。

这不是简单的技能叠加，而是思维方式的根本转变。当大多数人还在担忧被AI替代时，真正的赢家已经开始探索如何与AI共创未来，让技术成为自己最强大的盟友而非竞争对手。

（三）年龄预警：45岁总监的职场Plan B构建实录

中国职场年龄焦虑数据

根据脉脉发布的《2024职场生存洞察》，40岁以上的互联网从业者，求职周期平均延长至6.8个月，而智联招聘的数据显示，在35岁以上求职者中，56%的人遭遇过隐性年龄歧视。这表明，年龄成为越来越多人在职场中无法避免的"潜在障碍"。

实战转型案例

案例：华为17年技术专家转型AI顾问

- **背景**：一位45岁的华为技术专家，面临公司组织架构的调整。

- **转型路径**：

  资源盘活，将过去3G、4G技术的专业文档转化为"通信技术演进图谱"知识付费产品，在知识付费市场中开辟新的收入来源。

  能力再造，通过腾讯云AI训练营获得机器学习证书，迅速提升自己在AI领域的专业能力。

  生态构建，在"知识星球"平台建立"通信老兵AI转型圈"，帮助同行完成转型，成功积累3800名以上付费会员。

- **成果**：到2024年，这位专家的AI咨询收入已达到年薪的120%。

Plan B 构建工具包

1. **人脉激活器：**

   a. 用"飞书文档"建立人脉档案库（含合作记录、资源清单）。

   b. 每月组织"资源置换早餐会"（参考小米生态链模式）。

2. **技能保鲜舱：**

   a. 参加技能提升培训等。

   b. 用飞书妙记自动生成行业研究报告。

3. **影响力放大器：**

   a. 在微信视频号开设"技术管理夜话"专栏（每周2次直播）。

   b. 出版电子书《二十年技术管理的得与失》。

防御体系搭建行动清单

1. **每月必修课：**

   a. 在"国家职业资格证书查询平台"检索新兴认证。

   b. 参加至少1场跨行业沙龙。

2. **每季必做项：**

   a. 更新脉脉技能标签（增加AI相关关键词）。

   b. 完成1次"能力压力测试"（使用北森人才测评系统）。

3. **每年必突破：**

   a. 主导1个跨界项目（如传统制造+元宇宙场景设计）。

   b. 新增2个行业人脉枢纽节点（如行业协会理事、标准委员会成员）。

随着AI与技术变革席卷全球，我们必须深刻认识到行业、岗位和年龄3个层面的风险预警信号，及时调整自己的职场策略。这不仅是为了应对外部环境的变化，更是对自身未来发展的深刻布局。

通过不断提升专业能力，保持敏锐的行业洞察力，提前规划职业路径，我们不仅可以在职场中避开"雷区"，还能够在时代变革中稳步前行。

后记

中国的新年,全球科技巨震

梅花初绽,爆竹声声,正当我合上这本书的最后一页,中国大地沉浸在新年的喜悦与团圆之中。然而,就在这大红灯笼高高挂起的时刻,一场无声的科技海啸正从东方席卷全球——DeepSeek,这个诞生于杭州湖畔的AI奇迹,如一颗彗星般划破西方科技巨头精心编织的垄断星空。

当旧金山的工程师们还在庆祝周末时,他们的手机突然被各种紧急会议通知淹没。原因只有一个:苹果应用商店的免费榜头名,那个熟悉的OpenAI图标被一个带着东方韵味的蓝色图标所取代。这不是简单的排名更迭,而是科技世界格局被改写的分水岭时刻。

硅谷某风投合伙人的评论在社交媒体疯传:"我们可能正见证历史——这或许就是美国半导体霸权终结的开始。"而美国前财政部长亨利·保尔森发文称,美国面临的最紧迫且最易被忽视的能源挑战之一,是与中国在人工智能领域的竞争。分析这场突如其来的技术巨震。

算力困局的破冰者：重新定义游戏规则的5重创新

（1）算力魔法的革命：在芯片封锁中杀出血路

当美国宣布禁止对华出口高性能AI芯片的那一刻，无数中国科研团队陷入沉默。但在那晚，位于杭州某前沿技术园区的一间实验室内，灯火通明。一位年轻的算法工程师突然提出一个大胆设想："既然硬件受限，那我们就重写算法，把每一份算力都用在刀刃上。"经过三个月连续攻关，他们组建了一套由2000多块AI芯片构成的异构集群系统。在首次全负荷测试时，系统工程师一度以为监控面板出了问题——训练效率竟提升了40倍。

这就像用一辆改装的自行车击败F1赛车，其核心秘密在于他们首创的"动态计算路径优化机制"。这项技术能实时追踪模型训练中的关键计算区域，将超过八成的算力精准调度到最关键的部分，极大提高了训练效率与能源利用率。某跨国芯片巨头的内部会议纪要中写道："他们不是在玩芯片的性能参数，而是在改写整个AI计算范式。"

（2）开源利剑的锋芒：掀翻科技霸权的新范式

在全球科技巨头纷纷构筑数字壁垒、争夺人工智能主导地位之际，这家新兴的技术团队做出了令人瞩目的决定：将其包括训练数据和模型参数在内的完整技术栈向公众开放。

这一举措犹如在一个封闭的武林大会上，有人突然将珍藏的秘籍公之于众。短短两天内，该项目在开源平台上获得了超过十万的关注，来自世界各地的开发者竞相下载、部署并优化这一开源大模型。在资源有限的环境中，一位开发者成功地在本地化硬件上部署了适用于其母语的模型。她在社交媒体上写道:"这不仅是代码的开放,更是希望的传递。"

更令人关注的是,一些地区的技术监管机构开始考虑将这一开源框架作为其人工智能发展的基础架构。一位代表在会议中表示:"这标志着数字世界的新篇章,技术创新的引领者正在发生变化。"

(3)自我进化的觉醒:AGI黎明前的技术奇点

在2025年初的一场技术闭门会上,DeepSeek团队首次公开展示了其核心创新——基于LADDER方法的递归优化系统。这套机制通过动态分解复杂任务、建立内部反馈循环,使AI能够自主生成训练数据并优化算法参数。在演示中,系统仅用12小时便自主开发出针对数学积分题的新型解题策略,其准确率较传统方法提升37%,引发行业震动。这一突破性进展被业内人士类比为"算法领域的进化论跃迁"。

有匿名AI专家指出,DeepSeek展现出的自我迭代能力,标志着"机器开始突破人类预设的优化路径"。值得注意的是,其开源的DeepSeek-R1模型在医疗诊断任务中,通过递归优化机制将误诊率降至0.8%,较GPT-4 Turbo提升4倍,印证了该技术的普适性。

面对"是否触及AGI门槛"的追问,内部人士回应:"我们并非在构建替代人类的智能体,而是通过数学之美揭示智能涌现的本质规律。"这一表述与其团队论文《DeepSeek-R1: Incentivizing Reasoning Capability in LLMs via Reinforcement Learning》中强调的"激发而非创造智能"理念形成呼应,也暗合DeepSeek官网"探索智能本源"的口号。

（4）理想主义的胜利：商业与科研的平衡艺术

据说腾讯和阿里巴巴等科技公司高管与梁文锋会面，探讨潜在的合作机会，但梁文锋表示现在并不急于融资，因为担心外部投资者会干预公司决策。一些科技巨头也已经使用DeepSeek来增强其产品功能，但它们并不会为此付费。这导致一些风投机构对DeepSeek的盈利前景表示担忧。在2023年一次罕见采访中，梁文锋似乎仍坚持他表达的愿景："我们不做应用，我们只做研究和探索。"当被问及原因时，他回答："因为我好奇"。

（5）成本屠夫的颠覆：让AI回归工具本质

在AI行业仍为每百万tokens收取数十美元服务费时（如GPT-4 Turbo定价为每百万tokens输入为10美元、输出为30美元），DeepSeek通过革命性技术直接将价格锚点击穿。为什么能这么便宜？因为其仅以557.6万美元的GPU成本，就训练出了与OpenAI o1能力不相上下的DeepSeek R1模型。

在过去几年的"百模大战"中，国内外AI大模型公司都花了几十亿甚至上百亿美元。Gork 3成为"全球最聪明AI"的代价是高昂的，马斯克称Gork 3训练累计消耗20万块英伟达GPU（单块成本大约在3万美元），而业内人士估计DeepSeek仅在1万多张。

正因如此，低廉的大模型费用，让AI在各个行业发挥了显著的价值：长安汽车接入DeepSeek后，智能驾驶系统研发周期缩短40%，AI模块硬件成本降低65%；南京某商场停车场通过DeepSeek智能调度，车位周转率提升120%，车主寻位时间从平均4.6分钟降至1.2分钟。

一个时代的终结与新纪元的开启

站在2025年的春天，回望这场东方AI的崛起，我们见证的不仅是技术的跃迁，更是文明发展脉络的重新编织。五千年连绵不断的东方智慧，正以全新的数字形式，再次在人类历史的画卷上留下浓墨重彩的一笔。

这一刻，我想起了20世纪初，西方科学家们惊讶地发现中国古代《周易》中的阴阳概念与现代二进制计算机理论的惊人相似。也许，AI的终极奥秘，早已蕴藏在东方哲学的基因里，只等待着正确的时刻被唤醒。

对我们每一个人而言，DeepSeek的故事不仅仅是一个商业传奇，更是一面映照我们内心的镜子：在这个剧变的时代，真正的突破往往来自那些敢于质疑既定规则、勇于挑战霸权思维的探索者。

当你合上这本书，也许你该问自己：在AI重塑世界的大潮中，你是选择做一个被时代冲刷的旁观者，还是那个勇敢拥抱未知的弄潮儿？

历史已经证明，每一次技术革命都不仅仅是改变工具，而是更深刻地改变着人们的思维方式和世界格局。我们正行走在这场前所未有的智能革命前沿，亲历着东方智慧与现代科技的华丽交融。

未来已来：致每一位破局者的时代寄语

站在乙巳蛇年的门槛上回望，DeepSeek的故事不过是这个伟大时代的注脚。当你在深夜加班时，在转型焦虑时，在技术变革的洪流中迷茫时，请记住：**"所有看似固若金汤的领域，都将在持续创新的洪流中土崩瓦解。这个时代最残酷也最公平之处在于——它从不为任何人停留，却永远向执着者敞开怀抱。"**